哲学者に学ぶ、問題解決のための視点のカタログ

大竹 稽
Kei Otake
スティーブ・コルベイユ
Steve Corbeil

*

BOW BOOKS

混迷と変革の時代に、
哲学という武器を。
それは、
与えられたフレームワークの
向こう側を見抜く、
人間のみに許された、
身体的な行為である。

はじめに

哲学とは、与えられたフレームワークの向こう側を見抜く身体的な行為である

いきなり「哲学」の定義から始めましたが、『哲学者に学ぶ、問題解決のための視点のカタログ』という本書のタイトルにどんな印象を持って、いまこの本を手にとっていただいているのでしょうか？　なぜ「視点」なのか？　と疑問を持たれた方もいらっしゃるかもしれません。そこで、その疑問に答えるためにも、まずは「哲学」を定義することにしました。

「哲学を定義する」こと自体、極めて哲学的なものであり、なかなかスリリングなものです。無論、語義というものがあります。「哲学」はラテン語で«philosophia»です。この語は、«philo»と«sophia»に分解でき、それぞれ訳語を当てますと、「希む、愛する」「智、道理」になります。辞書的に定義すると、哲学とは「智の希求」となるでしょう。

しかし、語義をそのまま紹介することは、私たちの意図するところではありませんし、ましてや哲学することではありません。そこで、古来、大哲学者たちが挑み続けている問題に、恥を覚悟で答えた次第です。定義への共感は喜んで、批判も甘んじて受け止めましょう。

さて、「哲学とは、与えられたフレームワークの向こう側を見抜く身体的な行為である」ですが、まず、「与えられたフレームワーク」についてお話しさせてください。ここを批判的に考察することで、本書の目指すところをお伝えできるでしょう。

「与えられたフレームワーク」として最もイメージしやすいものは、入学試験などでの選択問題でしょう。「次の選択肢から正しいものを一つ選べ」というフレーズでお馴染みのあれです。正解である選択肢以外には、だいたいひっかけとなる罠があります。正解以外には、どれほど巧妙なひっかけであっても、必ず明確な間違いが潜んでいます。当然です。「なぜ間違っているのか？」を説明できなければ解答にならないわけですから。こうして、問題を解決するテンプレートができあがります。

ですが、これが哲学としては大問題なのです。

「しあわせとは？」を例にしてみましょう。

いくつかの答えが用意されているはずです。しかし、哲学の問題は、入試問題のように「正しい」「間違い」によって選べるものではありません。フレームワーク内のどの選択肢にも、一理あるのです。どの「しあわせ」にも、「確かに！」があるんです。そんな中から、私たちはどれか一つを選ばなければならないとすると？

「正しい選択肢を一つ選ぶ」という姿勢は、リスキーな言い方になるのを覚悟で申し上げれば、「反哲学的」と言えます。なぜなら、問題は与えられたとしても答えは決して与えられない。それが哲学のステータスだからです。

そのどれにも一理ある選択肢から、ただ一つを選ばなければならないとしましょう。その正しさの根拠は、どこにありますか？

大哲学者でしょうか？　大企業の有名な社長でしょうか？　崇拝する歴史人物でしょうか？　メディアに頻繁に登場する人でしょうか？　あるいは、総理大臣？　あるいは、当たると評判の占い師？　はたまた、大声の人でしょうか？

さて今、私たちには手っ取り早い便利な拠りどころがあります。

ＡＩです。ＡＩには、データ化された知識の容量制限はありません。データの処理速度をとっても、人間はその足元にも及びません。身体なんてないので、フレームワークの書き換えも至極簡単。「正しい答えを一つ選ぶ」という仕事をさせたら、ＡＩは人間を圧倒するでしょう。早晩、この領域では人間など出る幕はなくなります。

とはいえ、この事実を「人間の悲劇的末路である」などと断定するつもりは毛頭ありません。むしろ、これからの私たちは、人間的に生まれ変われるのではないかとワクワクしています。

なぜなら、ここからが哲学の出番だからです。

哲学では、「正しさ」はそれほど問題になりません。大事なのは、「答え」ではなく「プロセス」なのです。自分で考え、判断しているか。この一点に尽きるのです。

そうした哲学は、これまで、私たちの社会に、どんな貢献をしてきたでしょうか？

「理想的な社会とは？」という問いへの、民主主義やコミュニズムといった答え。

先ほど例に挙げた「しあわせとは？」へ答える『幸福論』たち。アランやラッセルらが有名ですね。

ほかにも、「正義とは？」「他者とは？」「国家とは？」など、様々な問いに答えることで、法学や倫理学や政治学の発展にも寄与してきました。

科学や産業の発展をも支えてきました。さらには、フランス革命などの革命の理念となることもありました。

紀元前から、哲学は、様々な問題に対する答えを知識として提供しながら、あらゆる分野の地盤になってきました。「知は力なり」という格言は、まさに知の力を的確過ぎるほどに的確に表現しています。

ところが、この「知は力なり」が深刻な問題をはらんでいたのです。「フレームワークの向こう側を見抜く」には、「知」の支配からの解放への期待が込められています。

フランシス・ベーコンが提唱した「知は力なり《Scientia est potentia》」は、科学発展を促す旗印の役目を果たしてきました。今なおこのシンボルマークは、教育や経済など多くの分野で、陰に陽に、私たちを支配していると言えるでしょう。

「支配」と言うには理由があります。

「知は力なり」が「知の量が力の大きさを決定する」という抑圧的な不文律へと進んでいってしまうからです。有り体に言えば、できるだけ多くの情報を獲得した者が勝つ、ということです。

さらに「知」に価値付けがされていきます。こちらは、情報として希少であるほど価値が高くなるということです。そんな希少な「知」は、大抵は隠匿され、独占されてしまいます。

価値の高い知をどれだけ多く保有しているか？　これが権力や成功への条件となってきます。こうして知に階級ができ、知の階級がそのまま人間社会における階級を形成します。実際、そのようにして、近代社会から現代へと、階級が形成されてきました。

本来、知とは誰にでも開かれたものであるはずです。

そもそも「知る」ことは、強制されたり許可されたりするものではなく、「人間とは？」の定義に関わる本来的な行為なのです。それは「ホモ・サピエンス」という言葉に現れています。«sapiens»（サピエンス）は、動詞«sapere»の派生語です。そして«sapere»というラテン語は、「知る」という意味なのです。

しかし、知が権力と結びつくことで、知は人間を格付けし、排除していくものになっていきました。ミシェル・フーコーというフランスの哲学者がいます。彼は、知がいかに人間を支配していくか、その構造を暴き出しました。

まず、知は人間の好奇心を支配していきます。

知が権威となり、知が階層をなす。そうすると、人間本来の好奇心が損なわれてしまうのです。なぜなら、私たちは「知ると都合がよい」ことを手に入れようとするからです。無論それは、私たちに備わった本来の好奇心ではありません。

知は、哲学そのものも変容させます。知に拘束されてしまうと、哲学は、すでに知っていることを正当化するものになってしまいます。そもそも哲学とは、他のように考えることが、いかに、どこまで、可能であるかを知る企てであったはずです。これは、哲学だけにとどまらず、学問と言われるもの全てに通じることです。

そして、学問などを通じて権威となった知は、いっそう専門化されていき、社会構造を堅牢にし、民衆を支配していきます。この支配とは、階級という構造支配でもあり、知を獲得しなければならないという、心理的支配でもあります。

最後に、知は自分自身との関係も変化させていきます。

「自分とは？」は、古来、一貫して哲学の大きなテーマでした。その都度、答えが出されていきました。そしてそれは、知として言語化されます。こうして言語化された知は権威を持つようになります。

この知は、自分を対象化する知でもあります。対象化とは、自分ではない他の誰か――ここでは哲学者たち――の答えに合わせてしまう、ということです。言うまでもなく、対象化された自己は私たち自身ではありません。

こうして、私たちは自分自身と疎遠な関係になってしまうのです。

自分と疎遠になってしまった自分自身をどのように解放させるか？　このミッションに挑

んだ哲学者たちがいました。フーコーもその一人です。フーコーの答えが、「外的世界と関係する自己に配慮する」ことでした。それは「眼差し」というものを介した、身体的な配慮なのです。

哲学史はこれくらいにしておき、問題は現代です。

「知」と私たちは、今や、どのような関係にあるのでしょう?

確かに、私たちは、その気になれば、どのような知も享受できます。教育現場で知の差別や選別が起こるはずもありません。インターネット上でも「知る」ことを禁止されたり抑制されたりすることはありません。

ところが、私たちは、想定外の罠が待ち受けていたことを思い知らされます。「知らない」ということは「バカ」で「負け組」である、という脅迫的な空気感にさらされるようになってしまったのです。そして、「知」が誰にでも解放された反動で、まがいものが氾濫するようになってしまいました。

「フレームワークの向こう側を見抜く」の「向こう側」とは、裏側でもあり、先でもあるのです。「向こう側を見抜く」ためには、このような知のコンテクストを理解しなければなりません。そのため、少々、難しい話を余儀なくされました。

さて、最後に定義文末の「身体的な行為」についてお話しします。

まず、「哲学」と「身体」についての誤解を解かないといけません。多くの方が感じているように、哲学には抽象的で難解な側面があります。しかし、哲学を「覚えなくてはならない知識」として伝えることは、決して哲学することではありません。

哲学することには、身体が不可欠なのです。哲学するとは、空論を弄することではなく、「行為」なのです。


身体がない意識だけの存在、そんなものが「自由」や「自分」に悩むでしょうか？

そもそも、「自由」や「神」や「正義」や「自己」や「理性」などの哲学の大問題は、身体を介して生まれたのです。


身体的であるが故に不自由である。だから「自由」が問題になる。

身体的であるが故に生死がある。だから「神」が問題になる。

身体的であるが故に争いが起こる。だから「正義」が問題になる。

身体的であるが故に関係が生まれる。だから「自己」が問題になる。

身体的であるが故に感覚がある。だから「理性」が問題になる。

「行動」や「判断」も、身体なくしては可能になりません。「行動」「判断」についていくら熟考していても、どんなに立派な理論でも、それだけでは行動にはなりませんし、判断にはなりません。

「愛」だってそうです。もちろん、「愛」も哲学の大テーマです。しかし、身体のない愛ほど虚しいものはありません。

「楽しい」「心地よい」「美味しい」という感覚も、身体がなければありえません。楽しさを頭で理解させることはできません。

「暑い」「冷たい」という概念も、当然ですが、身体を通して理解されるのです。

一部のヘンタイだけに哲学が許されているのではないことを、明言しておきます。

誰でも哲学することはできるのです。ＩＴエンジニアでも、銀行員でも、農家の人でも、漁師さんでも、誰でも「その気」になれば哲学することはできます。

本書では「身体的な行為」という表現を通じて、哲学は決して概念的・抽象的な側面ばかりではないことを強調しています。そして哲学もまた、人間と同様に、時代の要請に応えながら変化するものであることを。

さらに、このＡＩと共存する現代という時代は、「人間を取り戻せ！」と哲学に要請してきています。哲学とは「人間なるもの」を体験していくものです。身体への自覚がなければ人間について考察できません。ましてや、身体への自覚がない哲学を語ることは、不誠実、一種の詐欺になってしまいます。

「知」は単独で在りえます。だから誰でも利用できるのです。各々の特殊な事情に依存するものは、知にはなれません。知とはすべからく、普遍的、一般的であるべきなのです。

一方で、「視点」はどうでしょうか。視点はそれ自体では、存在しえません。常に「見る」という行為とともにあります。インターネット上にあるものは、知であっても視点ではありません。視点とは用いられることでようやく、視点たりえます。

そして、視点は「自分」不在では成り立ちません。

人の知を拝借できても、人の目を借りて見ることはできないのです。

ここが、「知」との最大の違いでしょう。

リンゴを例にしてみましょうか。

品、名称、種類、味、色、形、匂い、天候、地理、値段、価値、流通、理想、誠実さ、信

念、伝統など、一個のリンゴだけで知るべきものは無限にあります。いやむしろ、一個のリンゴから世界を知ることができる、とまで断言できるでしょう。

しかし、こんな一個のリンゴ自体が、どんどん変化していきます。変化は尽きることを知りません。ということは、リンゴについて全てを知ることはできないのです。

そうすると、「知の欲望」に取り憑かれた者は、リンゴについて無尽の知を集めることに執着する余り、リンゴを前にして一歩も動けないまま、一生を終えてしまうことになるでしょう。

知は、人を膠着させてしまうのです。

では、リンゴを「見る」とは？

それは、リンゴとの関係において様々な視点を持つことです。

視点は、知と異なり、私たちを移動させ、そして成長させます。

視点を変えるということは、リンゴの周りを巡ることです。かがんだりジャンプしたりすることです。なんなら、リンゴの中に潜ることもあるでしょう。そして、リンゴに関わるあらゆるものを体験することです。

知は階層をつくります。「知らない」という一線を越えるには、記憶力や理解力や計算力など、様々な障害が想定されます。

一方で、視点の変化は至極容易です。なぜなら、自分が移動すればいいのですから。「知る」には、知っているか知らないかの二択しか許されません。しかし「見る」は無限に可能です。角度や距離や視力を変えることで、選択肢は無限なのです。

「身体的な行為」とは、視点をどんどん変えていきながら、リンゴの周りを巡り続けることなのです。これこそ、《It's all Greek to me!》（ちんぷんかんぷんだ！）とそっぽを向かれるような教壇哲学ではなく、「哲学する」ことなのです。「哲学する」ことは誰にでも、常に、開かれているのです。

「知」から解放、そして「視点」への転回。ここには「身体的なものへの回帰」への願いが込められています。

紀元前から「知」の獲得を目指してきた私たち人間は、今や、「知」という情報に支配されています。知に支配された人間は、もはや、身体を忘れ、人間であることを忘れてしまったかのようです。

私たちは、言うまでもなく、ＡＩではなく人間なのです。そして、人間とは「視点」を持つ身体的な生き物なのです。

もう一度、人間であることを取り戻そうではないですか。それは、ＡＩとの共存へのきっかけになるはずです。なにせ、知の蓄積と分析においては、ＡＩが私たち人間を圧倒することは、火を見るよりも明らかなのですから。

知によって私たちは階層化され分断させられるのなら、視点は私たちを、再度、繋げてくれるはずです。

哲学することは人間に備わった身体的な営みです。それは、他者への温もりや優しさや慈しみを呼び起こすものです。そして、これからの時代への希望ともなるものなのです。

長くなりましたが、ここまでお付き合いくださり感謝します。

しかし、これは一種のイニシエーション。ここから先は、ぐっと愉快な読み物になっていきます。最初から読んでいただいても、文字通り「カタログ」風に、必要なときに、好きなところだけ「使って」くださってもかまいません。

大竹　稽

目次

3 探求の視点

4 発展の視点 157

見ることは、
世界と関係を結び、
世界を変えていくことだ

0·1 斜めから見る

「ホルバインの『大使たち』の細長い染みは、私の視野の調和を乱す」
（ジジェク『斜めから見る』青土社215頁）

二〇一八年、あるインターネット会社がオバマ大統領のインタビュー動画を公開した。そこで彼は、聞くに堪えない俗語や卑語を垂れ流していた。「ようやくオバマの本音が聞けた！」と拍手した人もいれば、「これがオバマであるはずがない」と疑った人もいたようだ。実はこの動画は、「ディープフェイク」と呼ばれる完成度の高い偽物だったのだ。

この動画には二つの示唆がある。「見たことが真実とは限らない」ということと、「誰もがバイアスに影響される」ということだ。

このようなフェイクが生まれるのは映像技術が発達したからであってごく最近のことだろう、と思う向きもあろう。が、すでに紀元前から、哲学者たちは「見る」に関して熱く鋭い思索を、二

＊　絵画写真提供：アフロ

千年以上も継続している。

上の絵画『大使たち』*は、ドイツの画家ハンス・ホルバインによって一五三三年に描かれた。

この絵が有名である理由は、モネやルノアールのそれとは質が違う。モネたちの絵はハートを揺り動かすが、『大使たち』は頭を揺さぶる。「見るとはどういうことか」を考えさせるのだ。

この絵には権威を象徴するものが鏤《ちりば》められている。まず誰もが、堂々たる紳士たちに注目せざるをえないだろう。さらに私たちの視線を誘導する仕掛けがある。二人の紳士が権力者であることを示す、絵全体に配置された小道具だ。これらは学問と文化を表徴している。つまり二人の紳士は、世俗と教会の両方で、揺るがし難い権力を保持しているのだ。

これら権威の象徴は、「見るべきもの」を定める掟とも言える。しかし、ホルバインの演出した違和感に気づく者もいるだろう。中でも最大の違和感は真ん中下部、床の上に浮かぶ正体不明の物体だ。その正体を見破るのはなかなか難しい。なぜなら斜め下からこの絵を見なければならないからだ。

正体はドクロだ。

この絵は「見る」についての二つの事実を暗示している。

まず、私たちが「**見たいようにしか見ない**」ことを示唆する。

二人の紳士に注目させることで、正体不明の物体を「見なかった」ようにさせてしまう。どんな景色であれ「見たいように見た」とき、焦点を外れたものは全て「正体不明」になってしまうのだ。ホルバインの絵でも、ドクロに焦点を合わせたら二人の紳士を含めその他の物体は実に奇怪なものになるだろう。

そしてもう一つ、この絵は、私たちが「**真実を望むように見ることはできない**」ことを教示する。「斜め下から見ない限り正体は見破れない」と予めヒントを出されていたら、この本を持ち上げて見ることもあっただろうが、その姿勢は本の読み方としては異常だろう。美術館でも、「斜め下から見てください」と案内に書かれていればこそで、それがないにもかかわらず斜め下から絵を見ていたら変人扱いされるだろう。

では、このドクロはどのようなタイミングで姿を現すだろうか。

それは、この絵が飾られた部屋を後にするときだ。なんとなく部屋の出口から振り返ったとき、ドクロは不意に顕在化する。そのとき、「見る者」はこの絵の真実を知らされるのだ。

この不意打ちを、実際に体験することをお勧めする。機会があれば、ロンドン・ナショナル・ギャラリーにある本物を見よう。実物は「２０７㎝×２０９㎝」とかなりデカい。この大きさもまた権力を表現している。

二人の紳士はこのドクロに至るまでの装置でしかない。どれほどの権力を掌握しようが、最後には誰もが骸骨になる。一切の権力はドクロという不可避の事実の前に風化する。

これは「見る」という行為にもそのまま通じる。

「見かけどおりのものは何一つない。すべては解釈されなければならない」、とジジェクの解説は単純明快だ。ふだん、私たちは「自分の意図で何かを見ている」と考えている。しかし、実際は、**私たちは権力に類するものよって「見るように」と誘導されている**。そして、ふとしたタイミングで真実が見えたしまったとき、これまで見てきたものは無意味なものになってしまう。

「**見たいようにしか見ないのに、真実は意図しないときに見える**」、それが、「見る」ということだ。まずはここを始点にしよう。

0・2 真実は見られるか

「人間は、自分の見ることはそれほど信じない。それどころか、まったく信じないのであり、見るとはじつにこの不信にほかならない、とさえ私は言いたい。［中略］見えるものをはじめに信ずるならば、何も見えなくなるであろう。なぜならば、すべてが私たちをあざむくからである。［中略］観察する人自身を観察したまえ、できるものなら物の周囲をまわり、見えるものに触れ、さぐってみようとするさまはどうか。パースペクティヴを変化させるために、できるかぎり地点を変えてみるさまはどんなか。この人は軽信的ではなく、また、かつてそうであったこともないのだ」

（アラン『人間論』白水社331―333頁）

「見えるものすべてが私たちをあざむく」。この問題は哲学の誕生にも関わる重要案件だ。プラトンはこれを「洞窟」に喩えている。

私たちは洞窟の中で暮らしている。手足と首が拘束されている。洞窟の中で私たちは、洞窟の突き当たりの壁しか見られない。そして、私たちの後ろ、背中側の高所にロウソクの火が灯っている。しかし、私たちは見る方向が限定されているので、背後の火を確認できない。そして、私たちと火の間には様々なものが出現する。火はこれらのものを影として、洞窟奥の壁に反映させる。私たちが見ているものは、この影である。

「洞窟の状態」を免れる人はいない。誰もが、スタート地点ではこの囚人状態。**私たちが見ているものはただの影であり「ものそのもの」を見ることはできない。**そして、「洞窟の比喩」の話は洞窟の外へと繋がっていく。

一人の囚人が縄を解かれる。そして光源である火を見るように促されるが、当然のように眩しくて見られない。さらに残酷なことに、この囚人は無理矢理、洞窟の外に連れ出される。そこで目にするのは太陽である。強烈な光に目を背けるが、この囚人は徐々に目を慣らしていき、最終的には太陽を見ることができるようになる。

「洞窟の比喩」の急所となる問題と答えを一気に明らかにしておこう。

「縄を縛っていたのは誰か？」「縄を解いたのは誰か？」「無理矢理、洞窟の外に連れ出したのは誰か？」。

答えは「自分自身」である。

「あれ？　自分って縄で縛られてるんじゃない？」「あれ？　自分のいるところって洞窟の中なんじゃない？」と感じる人が現れる。その中の何人かが、「やっぱり縛られている！」と覚醒する。そして、「洞窟から出よう！」と勇気を振り絞る。そうやって洞窟を脱出した少数の人間を待ち受けるのは煌々と照りつける太陽だ。「眩しくて見られない」と太陽から逃げようとする惰弱な自分を鞭打つ。こうしてごくごく僅かの人だけが太陽を見られるようになる。これが脱囚人へのプロセスだ。

太陽が喩えるものは、「真の実体」だ。アランの教説と、「見ているものは私たちを欺いている」点で共通しているが、二つ違いがある。

「洞窟の比喩」では、私たちは影を本物と盲信してしまっている。一方で、アランの教えでは、私たちは影を疑っている。この違いは決定的だ。

「洞窟の比喩」では洞窟を脱出できるのは極々少数に限られるが、アランの指導に従えば、誰もが脱出できる。ＡＩ時代に生きる私たちは、彼の導きに従ったほうがよい。もう一度、助言を振り返ろう。

「物の周囲をまわり、見えるものに触れ、さぐってみよう」
「パースペクティヴを変化させるために、できるかぎり地点を変えて」みよう。

「騙されてはダメだ！　真の実体を見なければならない」。はたして、プラトンのこの指令を完遂できる人間はいるだろうか？　まずはあっさり、「私たちは欺かれてしまう」を認めてしまおう。見ているものを盲信しなければいい。

だからこそ、「視点」を意識し、「視点を変える」ことを心がけねばならない。近すぎたら遠ざかる。ぐるぐる巡りながら、気になるところがあったらストップして観察する。

アランのアドバイスに「パースペクティヴ」なる専門用語が出ている。これについては、次項で。

0・3 パースペクティヴ

「『これはなんですか』というのは、なにか他のものから見て行われる意味設定である。〈本体〉〈本質〉というのは、パースペクティヴの所産であって、多様性を前提としている。その根本にあるのはいつも〈それはわたしにとってなんであるのか〉ということだ」

（『ニーチェ全集9（第Ⅱ期）』「遺された断想」白水社187頁）

「真の」という言葉、「真の」がいささか非日常的なら「本当の」という言葉から連想されるものを挙げてみよう。「本当の性格」「本当の愛」。あるいは「本当の世界」。「本当の自分」は頻繁に耳にする。恋人や友達に、自分の「本当の姿」を見てもらいたいと乞い願うこともあろう。

哲学者もさんざん、「真の」に戦いを挑んできた。真剣勝負し、そして懊悩《おうのう》し、横死した哲学者たちもいる。このレベルのディストレスを抱えながら、哲学者が出した答えが、**「本当の○○なんてない！」**だ。「パースペクティヴ」は「本当の○○」に関わる重要キーワードだ。

「パースペクティヴ」を哲学に導入したのはライプニッツであるが、ニーチェのそれのほうが現代的にも哲学史的にもより大きな意味を持つ。よって、ニーチェの「パースペクティヴ」を紹介しよう。

「〈認識〉という言葉に意味がある程度に応じて、世界は認識しうるものとなる。だが世界は他にも解釈しうるのだ。世界は背後にひとつの意味を携えているのではなく、無数の意味を従えているのだ。パースペクティヴズム」

（『ニーチェ全集9（第Ⅱ期）』「遺された断想」397頁）

「パースペクティヴ」は、アートの専門用語である。ルネサンス期に完成した表現技法で、「透視画法」とも言われる。視覚的に遠近感を描写する手法なので、「遠近法」と訳されることが多い。遠近法を使った世界的な名画が、レオナルド・ダ・ヴィンチ『最後の晩餐』だ。

哲学での「パースペクティヴ」には、「遠近法」以外の意味合いがある。

「パースペクティヴ」を英語にすると《perspective》。フランス語は英語と同じ綴りの《perspective》。イタリア語では《prospettiva》。これらの単語は、ラテン語の《perspicere》を語源とする。

お察しの通り、「パースペクティヴ」は「パー《per》」「スペクト《spect》」「イヴ《ive》」に分解される。それぞれ、「〜を通して」「見る」「こと」を意味し、再度、三つを連結させると、**「〜を**

通して見ること」を意味することがわかるだろう。

パースペクティヴとは、「ある視点を通して観察すること」なのだ。

絵画の専門用語を、ニーチェは哲学の場面に流用した。**問題の立て方は、「それはなんであるか」ではなく、「それはわたしにとってなんであるのか」である**と主張した。「わたしにとって」とは、**自分自身との関係の中で世界を解釈する**ことだ。これが「パースペクティヴ」である。

—0・1　斜めから見る—で、「斜め下から見てくる人は変人」だと書いた。確かにそうなのだが、このような変人は、旧弊の破壊者、時代の先駆者にもなる。哲学者などは、変人オブ変人だろう。彼らの奇行やマイルールや執念にスポットを当てた本ができれば、それはそのままヘンタイ列伝になる。

哲学的に正しい見方は、**動きながら見る**ことだ。視点を変えながら見ることは、身体を意識しながら哲学することになる。

このような「正しい見方」は、「健康な見方」「自由な見方」とも言い換えられるだろう。アランも、こんなことを言っている。

「憂鬱な人に言いたいことはただ一つ。『遠くをごらんなさい』。［中略］人間の眼はこんな近距離を長く見られるようには出来ていないのだ。広々とした空間に目を向けてこそ人間の眼はやすらぐのである。［中略］眼がくつろぎを得る時、思考は自由となり、歩調はいちだんと落ち着いてくる」

（アラン『幸福論』岩波書店172頁）

一つの主義に偏った思考は不健全だ。健全でない哲学、人々を憂鬱や不安へ引き摺り込むような哲学は詐欺である。「喜び」についての蘊蓄《うんちく》など聞いても身体は喜ばない。このことは、哲学の重要テーマでもある「自由」や「愛」や「しあわせ」にも通じることだ。「身体を哲学の軸にしよう！」、哲学者たちはこのようなメッセージを現代の私たちに送っている。

0·4 客観的視点

「世界に直面した己の身体によって状況づけられるのでないような主体にとって、〈上に〉という言葉が一体どんな意味をもつだろうか。［中略］擬人的な含意を取り払ってしまえば、〈上に〉という言葉も、〈下に〉という言葉や〈横に〉という言葉と区別がなくなってしまうだろう。たとえ〈客観的〉空間の普遍形式とは、それなしには私たちの身体空間が存在しなくなるものであるとしても、だからと言って、それこそが身体空間を存在せしめているものだ、ということにはならない」

（メルロ＝ポンティ『知覚の現象学１』みすず書房１７７頁）

インターネットで検索すると、九百万件近くがヒットする「客観的視点」。意味を調べると「主観的視点から離れた独立した視点」とある。それは、バラバラに見えていたものが「誰もが同じ姿（真の姿）を見る」視点を意味する。はたして、客観的視点はあるのだろうか？

ジャコメッティという彫刻家がいる。こんな作品を残している。タイトルは『歩く男』。彫刻家ジャコメッティの表現の原点は「見えた通りに表現する」である。初めてジャコメッティの彫刻に遭遇し、「なんだこれ?」という違和感を覚えない人は、まず、いないだろう。誰もが同じようにイメージする『歩く男』は、ジャコメッティの作品とかけ離れているだろう。

「見えた通りに表現する」とは、一体、彼には何が見えたのだろうか。

私たちの身体が関係するあらゆるものをそぎ落としてしまうと、あのような細くて長い身体になる。これをジャコメッティは「空虚さ」と表現している。

身体と世界との関わりを、身が捩《よじ》れるほどに実感させる機会がある。大切な人を亡くしてしまったときだ。家族や友人やパートナー、あるいはペット。身悶えするほどのこの痛みは、まさに自分の身体の一部を失ってしまったような痛みである。**私たちは、このように、世界と「身体的関係」をつくり上げている。**まさに自分の身体の一部であるかのように世界と関係している。これは「**身体的図式**」とも呼ばれる。もし、世界とのあらゆる関わりを失くしてしまったら、身体はどうなるだろう。きっと痛みも喜びも一切が「空虚」となってしまうはずだ。

メルロ=ポンティによる身体図式の説明に、肯かない者はいないだろう。私たちは、「上に」「下に」「横に」という言葉を、常に、自分の身体から発しているのだ。だから、「身体を離れた

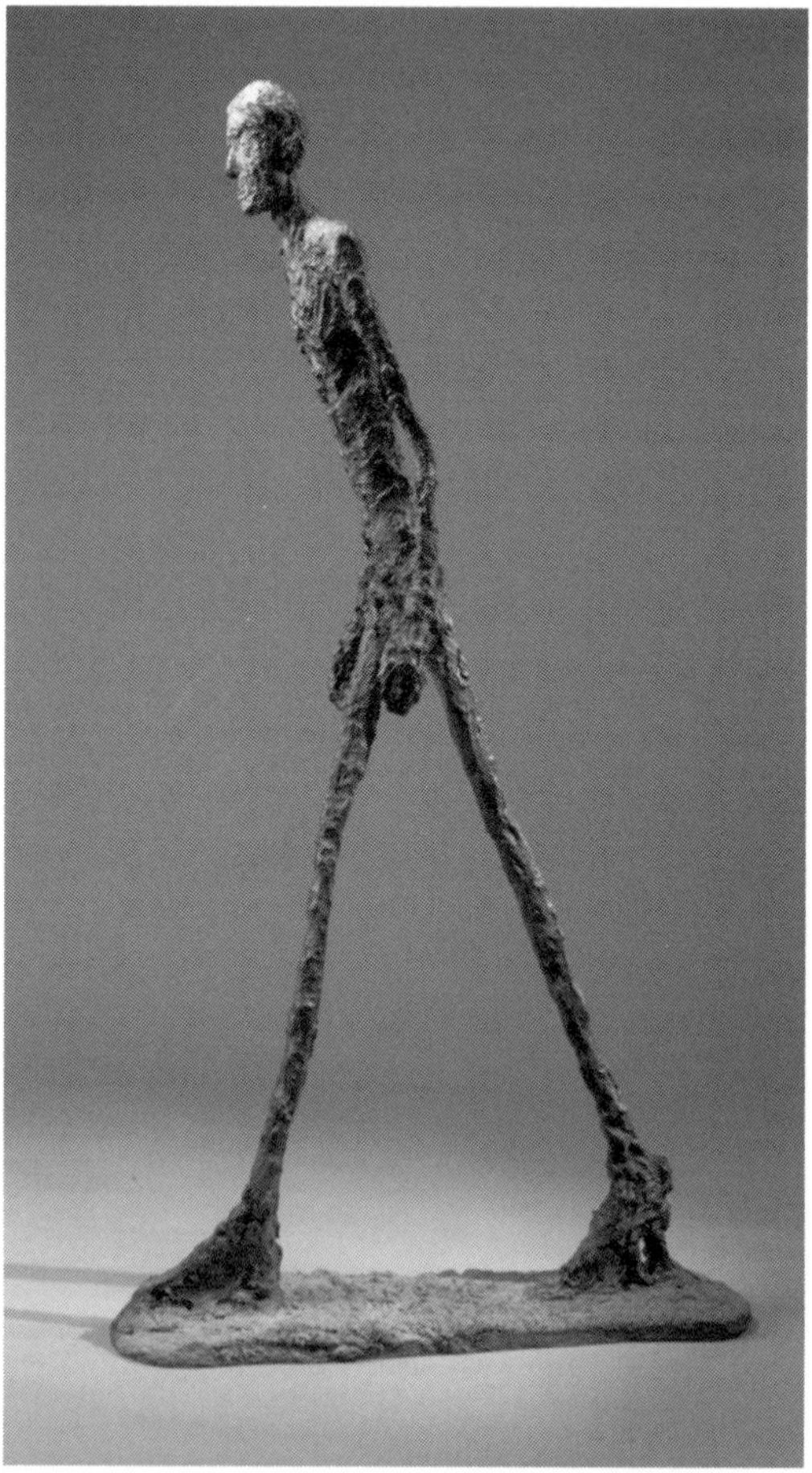

独立した視点」は「空虚な視点」になってしまう。

「馴染む」という感覚がある。これは頭で理解するものではなく、身体で実感するものだ。私には「馴染みの万年筆」がある。三十代から使い続けて自分の手にフィットした万年筆だ。もはや、自分の手の一部になっている。「フィット」というのは、自分と相手の両方がフィットし合わないと「フィット」にならない。私たちが何かに触れているとき、常に「触れ合っている」はずだ。抱擁でも握手でも。自分と世界の関係も同様だ。**私たちと世界は、常に同時に、触れ合っている。**

「私たちは対象の奥行き、ビロードのような感触、柔らかさや硬さなどを見るのだ。それどころか、セザンヌによれば、対象の匂いまで見るのだ」

（メルロ＝ポンティ『意味と無意味』みすず書房253頁）

「見る」は世界との「触れ合い」である。私が見ているとき私は見られている。一方的に、対象と眼球の間に線が引かれるものではない。「見る」とは可逆的な行為なのだ。

客観的な視点には「見る見られる」という相互関係が成立せず、「客観的に見て」を切り札にすることは、自分も世界も裏切ることになる。ジャコメッティは「見えた通りに表現する」を貫くことで、自分自身と世界に誠実で在り続けたのだろう。

0·5 直観

「哲学者が精神の冒険をするのは、一つの確信が得られたからだ。とことん確実だと感ずるものがあったからだ。この直観が哲学者の力の源となる」

（ベルクソン『哲学的直観』中公クラシックス101頁）

はじめてある街を観光するとき、ガイドや地図を見ない人はほとんどいないだろう。その街の名所やグルメ、穴場スポットなどを予め調べる。これは旅行には不可欠な準備と言えるだろう。しかし、ごく僅かかもしれないが、事前準備などせず、地図もガイドも持たず、とりあえず財布とスマホを持って気の向くままに街をぶらつこうとする強者もいるかもしれない。

ガイドブックを頼りにすると、頭は目指す地点に支配されてしまう。結果、途中の景色を見落としてしまう。ガイドブックの写真は、それとなく、重いプレッシャーをかけてくる。しかし、「見る」を本来の姿に戻せばこんなプレッシャーから解放される。

「見る」とは、命じられるものでもないし、座って待つようなものでもない。それは本来、驚きと喜びを伴う生々しいものだ。街には確定した姿などない。時々刻々変わり、二度と同じ街を見ることはできない。当然、ガイドブックの写真たちが変化することはない。時間にだって、「時計」のように刻まれるものだけではなく、身体で感じる流れもある。変化に応じるのは、私たちの身体しかないのだ。

視点を固定化せず、流れに応じた見方をしてみよう。すると、「見る見られる」という関係も常に新鮮で在り続けられる。

では、どのようにすれば、流れに応じた見方ができるだろうか。

ベルクソンの答えは、直観だ。

直感ではなく直観。ところどころで反応するのが直感。そこでは、点と点が分断されている。一方の直観は、点と点が線として繋がっている。そして、それを可能にするのが、身体に記憶された体験だ。その都度、ポイントごとに出てくる直感と違い、直観は持続するものだ。直観には流れへの意識が欠かせない。

身体に記憶された体験が、私たちの直観を支えている。身体から離れた情報は、確かに、誰でも使えるものだが、私たちが最後に頼るのは、私たち自身であり、はっきり言えば、私たちの身体だ。街をぶらつきながら、「これ！」を見つける。ガイドブックに従っていては「これ！」との遭遇は見込めないだろう。

「見る」は体験である。体験という身体の記憶は、単なる情報の蓄積とはレベルが違う。**「見る」ことは関係を結ぶこと**だ。街だけではなく、リンゴから世界まで、「見る」ことで私たちはあらゆるものと関係を結んでいる。

「私たちが触れる点が深ければ深いだけ、私たちを表面へと押しもどす力も強いだろう。哲学的直観とはこの接触であり、哲学とはこの躍動である」

（ベルクソン『哲学的直観』102頁）

これができるのは私たち人間であってＡＩではない。もう一度、ベルクソンの言葉を引用しよう。

「科学の規則は、支配するために服従することだ。哲学者は服従もせず支配もしない。哲学者は共感しようと努める」

（ベルクソン『哲学的直観』104頁）

0·6 正しく見る≠まっすぐ見る

「太陽と死は直視することができない」

（ラ・ロシュフコー『箴言集』白水社 53頁）

これはフランスのモラリスト、ラ・ロシュフコーの言葉だ。「洞窟の比喩」で、太陽は「真なる実体」として登場した。そこでは、「真なるもの」と「ただの影（偽物）」を見分けることが求められたが、一方で、「太陽は直視できない」と断言する哲学者もいる。それは倫理の問題でもなければ、規則の問題でもない。単純に身体の問題だ。

この箴言《しんげん》から、「直視」と「正しく見る」の違いについて考えられる。太陽を直視することはできないが、「正しく見る」ことはできるのだ。

その違いを、ミケランジェロのダビデ像から解明しよう。

なぜ、ダビデ像はこの位置に置かれているのだろうか。ダビデ像は正対して見てはいけないのだ。冒涜だからとか破廉恥だからという理由ではない。その高さで見ると、頭、胸部、腹部、下半身など身体の各部分のプロポーションが不自然になる。ミケランジェロは、私たちが台座の下から見上げたときに最高の均整が見て取れるように、ダビデ像を制作したのだ。

このように、正対してまっすぐ見ることが、正しく見ることではない。

さて、「正しく見る」の対義語は、偏見だ。

「偏見」が使われる文脈は、枚挙にいとまがない。実際に、あなたも偏見に悩んだことがあるかもしれない。私たちを傷つける偏見は、マイナスの言動ばかりではない。いや、むしろ、プラスのほうが痛い思いをすることが多いだろう。「女性らしく」「母親らしく」「新入社員らしく」等々、これらは全て「正しく見」ていない人の発言だ。

メディアは「偏見」のオンパレードだと言っても過言ではないだろう。ある意味、宿命的と言えるかもしれないが、メディアはあらゆるものを「フィルター」にかけ、私たちの言動を操作する。とはいえ、メディア批判をしようなどと企ててはいない。メディアの言説にフィルターがかかるのは、逃れようのない事実なのだ。

大事なのは私たち自身が「正しく見る」ように「意志する」ことだ。

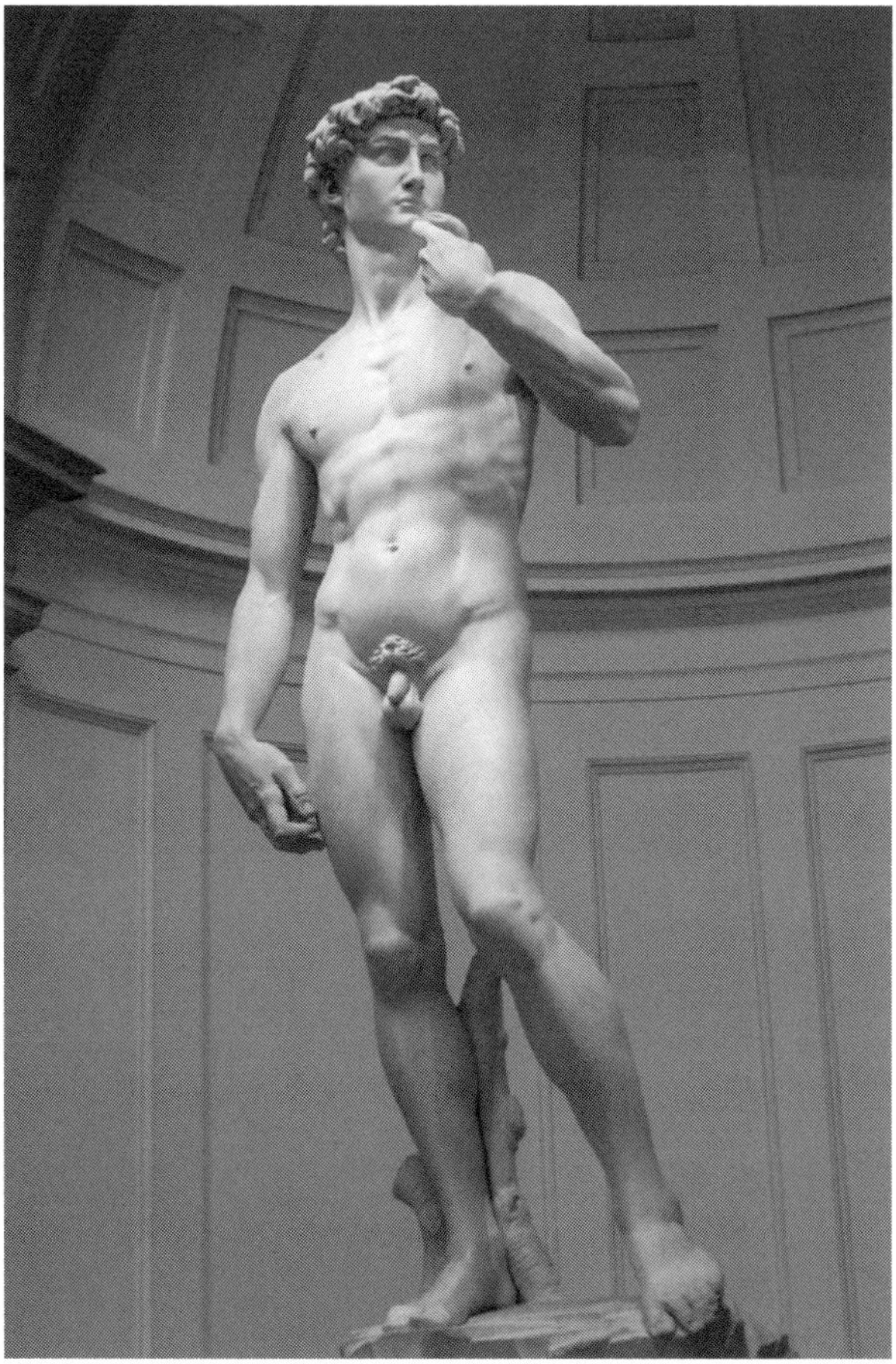

見ることは、世界と関係を結び、
世界を変えていくことだ

0·7 正しく見ることは、世界と関係を結び、世界を変えていくことだ

「見たいようにしか見られないのに、自分が望むように見ることはできない」

逆説的だが、この事実を基点にすればこそ、私たちは「見る」を意識し、「正しく見よう」と「意志する」ことができる。

この逆説的な道理は、お金の使い方に喩《たと》えられる。無限にお金が湧いてくる魔法の財布を手に入れたとしよう。いつでもどこでも、いくら使ってもお金は尽きない。ジェット機を買おうが何をしようが、お金は溢れ出てくる。そんな状況で、「お金の使い方」など意識できないだろう。そして、お金を空費するだけの人間は、世界と繋がれるはずもない。

この道理は「命」にも通じる。

不死でないからこそ、私たちは「生き方」を意識し、「生き方」に悩む。それは、「正しく生きよう」と意志することだ。

相手が変われば自分も変わる。自分が変われば相手も変わる。変化を拒むと身体は硬直し、身体は疲弊してしまうだろう。

最後に一つだけ注意を。

「正しく見る」ことは意志されることであって、強制されるものではない。

世界との「触れ合い」を楽しもう。哲学者たちが悪戦苦闘しながら発見した「視点」を体験していこう。**「視点」を変えれば、抱えている問題の姿を変えることができる。**

一点をガン見するだけでは問題は相変わらず解決困難なままだ。そんなときこそ、積極的に視点を変えてみよう。身体をリラックスさせ巡遊しながら問題と関係し続けよう。

何かの拍子に「正しく見る」ことができれば、問題のほうからあっさり答えを教えてくれるだろう。

第1章以降の各章に付されたタイトル、「整理」「解体」「探求」「発展」「再生」「創造」は私たちからの提案であって、どの視点も応用自在であることを、この章の最後に申し添えておく。

整理の視点

1

抱えている問題は見える。
しかしその優先順位が見えない。
諸問題の根底にある先入観を暴き、
各問題をソーティングし
順位付けさせるのに役立つ視点。

1・1 パスカルの視点 幾何学

なぜ数学を学ぶのか？

「同等の精神力を持ち、同等の条件のもとにある者のあいだでは、幾何学を心得ている者が勝ち、新しい力を得る」
（『パンセⅡ』中公クラシックス331頁）

二〇二〇年、中等教育を経て高等教育（大学や短大など）へ進学する割合が過去最高の八三・五パーセントとなった。高校卒業である限り、誰もが一通りの課目をこなしてきただろう。さて、「授業課目を嫌いな順に並べてみよう」なんて質問があったら、どう答えるか。圧倒的に支持される教科が数学だろう。それに続く「嫌い」は物理だろう。しかし、そんな「幾何学」（ここでは広義の幾何学。物理や数学全般を含む）の視点こそ勝利の秘訣だと、パスカルは言明する。

「クレオパトラの鼻がもっと短かったら地球の表情はすっかり変わっていただろう」

これもパスカルの言葉なのだが、一般に彼の言葉として有名なのは、「考える葦」だろう。

「人間はひとくきの葦に過ぎない。自然の中で最も弱いものである。だがそれは考える葦である。人間を押しつぶすのに宇宙全体が武装するには及ばない。蒸気や一滴の水でも人間を殺すのに十分である。だが、宇宙に押しつぶされても、人間は宇宙より尊い。なぜなら、人間は死ぬことと、宇宙が自分より優れていることを知っているからだ」

（『パンセⅠ』中公クラシックス248−249頁）

これらの言葉が記されているのが『パンセ』だ。この本は短い断章で構成され、視点の宝箱という様相を呈する。不世出の哲学者ニーチェも『パンセ』への畏敬を示している。

「パスカル」に日常的に触れる機会がある。「ヘクトパスカル」、言わずと知れた気圧の単位だ。単位に名を残した科学者として、他にニュートンやワットが挙げられる。「パスカルの定理」も発見している。さらに、世界初の機械式計算機を発明している。私たちの生活はパスカルの功績に負うところが多い。しかし、残念ながら、パスカルは三十九歳で早逝してしまった。

若き天才パスカルの才能は数学、物理だけでなく哲学の領域にまで及ぶ。その一つが「幾何学」

の視点だ。数学という教科の内容、たとえばベクトルや数列などがピックアップされるとアレルギーを起こしかねない人もいるかもしれないが、パスカルの手ほどきを受ければ、なぜ数学という教科が必修なのか、どのように人生や仕事に繋がるかがわかる。

「幾何学」の視点は、捏造や目くらましを見破る。おぼつかない言葉でごまかすことなく、明快簡潔な説明をすることができるようになる。

　パスカルが私たちに注意を促す点がある。私たちは、紛らわしいことを忌避しているようで、実はそれを求めてしまっている、ということだ。はっきりしたものより、曖昧《あいまい》模糊《もこ》としたものを見るほうがラクなのだ。大きな展望にしばしば現れる「理念」がその好例だ。無論、理念を否定するものではない。しかし、うっすら、「絵空事かもしれない」と感じていても、気楽にそちらへ向かってしまう。こんな心理は誰にでもあるはずだ。事実は往々にして酷薄なのだ。

　しかし、この心理を自覚するからこそ、私たちには幾何学の力で世界を見定める必要がある。それは、理性を使って障害を取り除くことから始まる。最も確実なものから次に確実なものへと、順々に繋げていくのだ。

「幾何学」は、「小さい」「大きい」「古い」「新しい」という不明瞭な表現を許さない。「小さい」

＊　日本を代表する数学者（1901～1978）。湯川秀樹や朝永振一郎に影響を与えている

という形容は「二分の一の縮小」、「新しい」は「二パーセントの進展」などと明確化される。このように、数字や時間によって事実をはっきり確認させる。

これは転変し混迷する問題の不変の部分、問題の核心を見抜く視点だ。そこから、一つずつ、数学の証明をするように論理展開していこう。

「幾何学」の効力は人間形成や倫理にまで波及する。それは己の有限性を自覚させる。だからパスカルは、哲学や数学だけでなく、宗教のフィールドでも大活躍している。数学者はしばしば優れた人格者でもあり、同時に宗教者でもある。日本では岡潔*がその好例だろう。

「空間は際限なく分割されることを信じない幾何学者はいない。人間は魂なしに存在しえないように。しかし、無限分割を理解し尽くす人はいない」（『パンセII』346頁）

「幾何学」は「無限」や「無」を理解させる。だが、これらは決して体感できるものではない。無や無限は「ただ驚嘆すべきものである」とパスカルは断定する。実は、「幾何学」の視点以上に大事なパスカルの視点がある。続きは、―6・2　繊細さ―で。

1·2 ソシュールの視点 価値

なぜ、モテ顔は時代によって変わるのか？

「項があるところに価値がある」

（『ソシュール一般言語学講義　コンスタンタンのノート』東京大学出版会１６８頁）

「価値」を辞書で引くと、「どれくらい役に立つかの程度」という意味が出てくる。「値打ち」というキャピタリズムにはまった意味もある。「価値があるものとは？」と聞かれて何をイメージするだろう。ブランド品のような「値段が高いもの」だろうか。あるいは、人生一度だけのシーンを残す写真のような「かけがえのないもの」だろうか。**こうした「価値」という視点によって、世界観を一変させてしまったのが、ソシュールだ。**

ソシュールの功績は、言語学史上、最大だ。伝統的な言語観を百八十度転回させた彼の研究結果は、哲学や宗教学や精神分析学、そして芸術にまで波及する。そんな彼は「近代言語学の父」「構造主義の始祖」と呼ばれている。だが、この天才はジュネーブ大学での講義を完遂できないまま、五十五歳で世を去ってしまった。彼の著作『一般言語学講義』だが、実は自身の手によるものではない。これは、ソシュールの三回の講義録。残された教え子たちが、自分たちの聴講ノートを集め整理し編集したものだ。

「言葉はどのように誕生したのだろうか?」、そんな素朴な疑問に憑かれたことはあるだろうか。「ものには名があって当たり前」、このような答えもあるだろう。これこそ伝統的な言語観だった。赤ちゃんに名前を付けることを想定しよう。言語としての名称も、これと同じように考えられる。まず、無名称の動物たちがいる。そして、彼らに「イヌ」や「ネコ」のような名が付与される。しかし、このような言語観には大きな問題がある。命名されないものは存在しないことになってしまうのだ。

ソシュールはこのような誤った見解を暴き、正しい世界観へと整え直した。

ものが先にあって、それに名が付けられたのではない。名を与えることで、私たちにとって必要なものが、クリアに見えてくるのだ。

整理の視点

名前がないのは存在していないのではなく、ただ名前がないだけ。野良ネコたち、未発見生物たちもちゃんと、名無しで、存在しているのだ。ポイントは「人々にとって必要な」名称を与えているという点。ここから「価値」の本質が解明される。「価値」を値段と考えてしまうと、その本質を見誤ってしまう。「価値」にあるのは、高低ではなく、意味の厚みだ。しかも、意味の厚みは優劣にならない。冒頭の引用にある「項」を、「視点」に置き換えてみよう。

「視点があるところに価値がある」

さて、「価値ある視点がある」のか、「視点そのものに価値がある」のか、どちらだろうか。「価値」というものは場所によって、様々に変化する。無論、時代によっても変化する。変化する価値と言えば、「顔」は好例だろう。時代によって流行の顔は変化する。「超黒髪ロングヘアで下ぶくれ。鼻も口も小さく、目は切れ長」。これが、平安時代では美人の条件だったのだ。同様に、言葉の意味も時代によって変化する。現代語の「かわいい」は、古語では「かなし」になる。こうして、ソシュールは一つの事実を発見した。

「価値」というのは、内容によってではなく、他の項との関係によって定義される。

たとえば、フランス語の«mouton»と英語の«sheep»。フランス人は「«mouton»の毛を刈る」し「«mouton»も食べる」。だが、英語では«sheep»の毛を刈ることはあっても、食べはしない。食べるなら«mutton»(羊肉)だ。つまり、フランス語の«mouton»は、英語の«sheep»より意味が広いのだ。これが語の「価値」だ。

それぞれの「価値」は単独で存在するのではない。それぞれの言語が持つシステム内の、他の項との相互関係によって、ようやく「価値」が生まれる。メーメー鳴いている羊と羊肉を区別する文化もある。兄と弟、さらには長男、次男、三男から末男まで区別する言語文化もあれば、«brother»で事足りる文化もある。あるのは意味の厚みだけ。したがって、「価値」とは「お役立ち度」を表示するものではない。ましてや値段で測れるものではない。どの視点にも価値があり、その役目は状況によって変化するのだ。

「価値」を通して世界を見ることが、「価値観」となる。本書では、「価値」の他に、ソシュールの視点を二つ紹介している。―2・6 恣意性――4・1 文脈―だ。これら三つ以外にも重要な視点があり、それらは互いに関わり合いながらソシュールの世界観を構成している。

整理の視点

1・3

デカルトの視点

機械人間

人間はアンドロイドになれるか？

「人間の巧知《こうち》がいかに多種多様のオートマット、自動機械を作りうるか。これを知る人は、人体は神によって作られた一つの機械だと見なすだろう」

（『方法序説』岩波文庫74頁）

「アンドロイドは人間になれるか？」 こんな疑問が湧き上がったことはないだろうか？ このタイトルを冠した人気書籍もある。科学技術の発達で、AIを備えた人型ロボットが誕生している。NASAではロボノートと呼ばれるヒューマノイドロボット計画がある。ここまで来ると、アンドロイドは「人間」を揺るがす存在だ。なぜ人間はこんな危険に敢えて挑み続けるのか？ 問題は、「アンドロイドが人間に」ではなく、「人間がアンドロイドになれるか？」にあるのかも

＊　18世紀、フランスの医師で哲学者

しれない。すでに十七世紀、デカルトは同様の疑惑に取り憑かれていた。「人間が機械かもしれない……」

ガリレオ・ガリレイ、ニュートン、ケプラー、彼らに先行するコペルニクスを加えた四名による科学の大規模な変革は「十七世紀科学革命」と称される。自動機械――これを専門的に「オートマット」と呼ぶ――自体はテーマやアイディアとして紀元前より存在していた。が、十七世紀になって、より精緻なものが製造されるようになる。彼らにさらに先行する大科学者レオナルド・ダ・ヴィンチも、「レオナルドのロボット」なるものを残している。十五世紀に彼が設計したオートマットだ。実際に製造したとも伝えられている。現代になり再び製造され、このロボットが完全に機能することが証明された。

科学革命という時代背景の渦中で、デカルトには「服の下にオートマットが隠れているかも？」と疑惑が生じてしまう。そんな彼が構築したのが「機械論」だ。ド・ラ・メトリー*は『人間機械論』を著し、デカルトの論を徹底し、「人間は自らゼンマイを巻く機械である」と定義した。

デカルトといえば「コギト・エルゴ・スム」。大抵、「我思う故に我在り」と訳される。倫理や歴史の教科書ではお馴染みだろう。「近代合理主義の父」として名を残した哲学者デカルト。「コギト・エルゴ・スム」は周知されているが、「コギト」こそ、人間と機械を見分けるべく、彼が最

整理の視点

終的に到達した第一原理だったことはあまり知られていない。

広義の「機械論」は、因果関係のみで現象一般が説明されうるとする学説。狭義では、身体を一種の機械として扱うことだ。デカルトは「機械論」の代表者でもある。「生きた人間の身体と、死んだ人間の身体の違いは、オートマットがゼンマイを巻かれている場合と、その機械が壊れて運動の原理が活動しなくなる場合との違いである」（『情念論』岩波文庫9頁）とすら言っている。

「機械」には二つの側面がある。何者かの意図によって「製造される」という側面と、「自然法則に従う」という側面だ。科学者でもあるデカルトにとって、身体は自然の「仕組み」を解明する最適な素材だった。その「仕組み」一切を掌中に収めた者は、人間と区別できないオートマットを製造できるはずだ。この問題解決の端緒として、デカルトは人間と動物の違いについて考察した。

「もしオートマットが猿のような理性を持たない動物の器官と形状を持つとすれば、この機械と動物を見分ける手段は、私たちにはないだろう」（『方法序説』74―75頁）

これがデカルトの「動物機械論」だ。さて、ここで「コギト・エルゴ・スム」に結びつく問題が提起される。

「完全な身体的機能を備えた機械人間と、生身の人間をどうすれば区別できるか？」

「それが本当の人間ではない、と見分ける極めて確実な手段がある。その第一は、これらの機械が、私たちがするように自分の思考を他人に表明することも、言葉を使うことも決してできないだろうということ。第二は、このような機械は認識することで動くのではなく、ただその諸器官の配置によって動くだけであることだ」

（『方法序説』75―76頁）

「思考する」「思考を表明する」「会話をする」「認識する」、これらが総じて「コギト」となり、これがデカルト人間観の第一原理となる。つまり、**「思考しているか否か?」によって、「人間かオートマットか?」が区別される。**これが機械人間に怯えるデカルトが見出した光明だったのだ。

そして現代。私たちは知能が人工化した機械に脅かされている。この状況は、さすがの合理主義者デカルトも予測できなかったらしい。まさに「我思う故に我在り」が破砕されようとしている。「知力」という人間の命綱に触れようとするアンドロイドの登場。正しい記憶、正しい計算、正しい判断など、機械側の手に渡った「知力」はすでに数多い。いずれ、「人間はアンドロイドになれるか?」の問いかけから、人間を再定義する必要が出るだろう。ＡＩと人間はどのような共存関係を創りうるか? ボードリヤール（1‐6・コラム1参照）の人間観が一つの参考となるだろう。

整理の視点

1·4 デリダの視点 ロゴス中心主義

なぜ会話力が重視されるのか？

「内的な言述において、私は、私自身に対して何も伝達しない。私は、自分に何も指示しない。私にできるのはせいぜい、自分がそうしていると想像することであり、私自身が私自身に対して何かを表明している姿をルプレザンテする（思い描く・表象する）ことだけである」

（『声と現象』ちくま学芸文庫１０９頁）

「新入社員に求められる能力は？」その一つはコミュニケーション能力だろう。時代は変わってもこの答えは不動だ。では、「コミュニケーション力とは？」この定義は曖昧だ。人と企業によって変化する。これについて、各々が勝手な説明をする手立てしかないのだろうか。この混乱を解きほぐすには、デリダの「ロゴス中心主義」が役に立つ。

就職活動で大学生は口頭発表をさせられる。英会話中心の外国語能力が評価されることもある。そして、プレゼンテーション力。これらには共通点がある。「コミュニケーション能力=会話力」というワンパターンだ。会社の仕事はメールや報告書等文字でのコミュニケーションが多くを占めるのに、会話力が大きく評価される。このありさまを、「ロゴス中心主義」から見てみよう。

デリダは西洋の論理を「ロゴス中心主義」として表現する。ロゴスとは何か？　それは、ロジカルが「ロゴス」の派生語だと言えばおわかりだろう。この用語は「万物は流転する」で有名な古代ギリシャの哲学者ヘラクレイトスから発する。彼は「ロゴス」を万物の生成を支配する理法として定義した。さらにロゴスは、ストア派の哲学者たちによって様々な意味づけをされていく。ロゴスは世界の理法となり、またロゴスは神そのものともなる。こうして、ロゴスは哲学だけでなく神学においても最重要概念となるに至った。つまり、「ロゴス」を介さないものは、非理性的な非人間的なものと見なされるようになった。これが「ロゴス中心主義」だ。

「ロゴス中心主義」は、見た通り、「ロゴス＋中心主義」で成立している。そして、「〇〇中心主義」は、西洋哲学を再考し再興するためのラジカルな視点になる。「〇〇中心主義」は、単なる哲学概念ではない。文化やジェンダー、歴史、国際関係、政治、そして人間関係においても応用できる視点だ。そしてここから、哲学の理想主義、または音と声を中心に構築された世界観への批

整理の視点

判をデリダは開始する。

西洋の世界観には、真実が存在する。そして、西洋哲学は、その真実理解を前提とする。同様に、自分の思考や内的な言述こそ、伝統的な哲学では真の自分だった。真の自分を表現するため、声に出して他人と話す。発言は思想を表現し、思想そのものをつくる。どうしても発言を記録する必要があれば、書き留める。記述は内的言述が劣化したものと見なされるのだ。「書く」ことは妥協なのだ。

プラトンがこのスタンスの代表だ。現在残っているプラトンの作品は、どれも対話形式で書かれている。唯一の例外は『ソクラテスの弁明』だが、スピーチの記録でもあるため、音声中心という事実は変わらない。プラトンは、「記憶力が十分鍛えられていない人しかものを書かない」という指摘をし、『パイドロス』で記述への不信感を証明している。伝統的な西洋哲学では、言葉は内心の考え方を表現する道具なのだ。

一方、デリダは**言葉が現実を構築し、思考の限界を決めている**と、捉えた。「ロゴス中心主義」という視点は、西洋哲学の誤りを理解する起点になる。これは、当たり前と思っている社会の構成、知識の根拠を再考させる視点だ。デリダの目標は、声と記述の階級を逆転することではなく、

「声は真の自分を表現するための適切な媒体」という前提を批判することだ。日本企業の悪しき体質として認められるものも、この視点によって解決の糸口が見つかるかもしれない。

デリダは非常にわかりにくい文章を書く哲学者としても有名だ。ポスト・モダン思想の難物として、批判の矛先が向けられている。それでも、デリダを読んでみたいという読者には『講義録』を推奨する。口頭で説明したものなので、比較的わかりやすく、同じ内容が数回繰り返されている。さらに、死刑廃止論、主権問題、動物と人間、歴史などの親しみやすいテーマが多い。皮肉なことに、**話す言葉と書く言葉の区別を批判し続けたデリダは、難解な本を書き、平易な講義を行った**と言える。

1・5 バルトの視点 エクリチュール

なぜ世界が日本のアニメに注目するのか？

「つまり〈文楽〉は、舞台の三箇所から、同時に読みとってもらうようにと別々に表出される三つの「エクリチュール」を用いる。すなわち、操り人形、人形遣い、声師、である。外在化される動作、外在化する動作、声の動作、である。声、言語の特殊な実質である声、これは、現代感をうみだす現実の出資であって、人はいたるところで声に勝たせようと努めている。ところが、逆に、〈文楽〉は声についての〈特有の〉観念をもっている。〈文楽〉は声を抑えつけはしない」

（『表徴の帝国』ちくま学芸文庫80頁）

今の日本文化を牽引しているのは何だろうか？　電化製品や車ではない。剣術や忍術などの武

＊　フランスの小説家（1922〜2008）。代表作『消しゴム』は、バルトによって絶賛されている

道でもなく、花道や茶道でもなく、それらの土台となる禅でもない。何よりもまず、アニメだ。日本のアニメは世界中で流行している。なぜ、これほどまでに日本のアニメは注目されるのか？ロラン・バルトの「エクリチュール」の視点から明らかになるだろう。

エクリチュールは先に、デリダの「音声中心主義（―1・4―参照）」の中に登場した。この音声中心主義の「中心」にあるのが「パロール«parole»」、つまり話し言葉だ。一方に書き言葉、つまり「エクリチュール«écriture»」がある。デリダはこの二項対立によって、西洋の世界観に潜む倒錯した背景を暴いた。バルトは、書き言葉としての「エクリチュール」をさらに展開する。「エクリチュール」はフランス語で「文字」「書き方」「文体」の意味を持つが、バルトは独自の定義付けをする。『零度のエクリチュール』では、**「エクリチュール」は作家によって異なる「文体」ではなく、ある時代の書き方あるいは世界観**として定義している。つまり、読者が理解できる形で一つの現象を描写する際、作家は「エクリチュール」を活用している。

同じ「エクリチュール」にもバリエーションがあり、それは「文体」として考察できる。文学の可能性を意識し、それを作品の中で考える「文体」は、「零度のエクリチュール」と言われている。「零度のエクリチュール」の使用者として、アルベール・カミュ（―3・1―参照）、アラン・ロブ＝グリエ*を挙げている。

整理の視点

バルトは同時代のフランス哲学者と違い、パリの生活を好み、世界を飛び回る文化人としてのスターを目指さなかった。当時、日本に在住していたモーリス・パンゲ[*1]の招待で来日し、日本文化を体験した。バルト、五十歳。この体験が思想の根幹となったようだ。ここから二年間に日本を数回訪れ、伝統文化や日常生活などを経験し、一九七〇年に、稀代の名作となる『表徴の帝国』（原題《L'Empire des signes》）を創り上げた。これは、バルトという「日本を知らない人物」が書いたものだ。

ジャック・ランシエール[*2]の言葉を借りると、バルトは読者の「無知の教師」となる。だからこそ、日本人にとっても貴重なテーマと視点に溢れている。バルトと一緒に学び、日本文化について様々な発見をする体験ができる。無知のスタンスだからこそ、他人のことを理解できるようになる。日本について新しい情報を得られなくても、バルトの視点やバルトの記号論で日本を再考しながら、しかもフランスの思想にも触れることができる。大島渚監督の『愛のコリーダ』、このフランス語の題名は《L'Empire des sens》。ここには『表徴の帝国』へのオマージュが表されている。

バルトには様々な視点があるが、中でも「神話」は重要だ。『神話作用』では、ワインに対するフランス人の愛用を分析する。そこでは、飲酒する場面、つまり文脈（**4・1**参照）によって矛盾するワインの捉え方を指摘する。フランスでワインは、寒いときに身体を温める酒として表象されている一方、夏は身体を冷やす飲み物となる。バルトは一つの文化現象を社会構成の中で

＊1　フランスの文学者であり、日本文化に精通している。『自死の日本史』は、今でもフランスで日本を知るための重要作

＊2　現在のフランスを代表する哲学者。『無知な教師』では教育の根本的問題を暴いている

捉え、様々な関係を明確化する。このような関係の中でこそ、「エクリチュール」も把握される。『表徴の帝国』では多くの日本文化を紹介しているが、文楽もその一つだ。エクリチュールは書かれているものに限らない。文楽も「エクリチュール」、つまり世界観、そしてその世界観を描写するための独自の手法を持っている。文楽は三つの「エクリチュール」で成り立っている。その「エクリチュール」は、文楽鑑賞を通して肌で感じられる。その手法は、観客に今まで見えなかった現実を見せる。バルトの来日目標には、新しい「エクリチュール」を体験することもあったのだろう。しかし、誰にでも、「エクリチュール」がもたらす新しい世界観に順応してしまうときが、必ず来る。それ以降は、単なるステレオタイプへと堕落してしまうのだ。

なぜ日本のアニメなのか？　海外の視聴者は、日本のアニメを見ることによって、新しい「エクリチュール」を体験しているのだ。もし、日本のアニメが「エクリチュール」を見失ってしまったら、そのブームは去るだろう。

哲学にも同じことが言える。「エクリチュール」を見失っていないか？　時代や社会とともに、見えるところだけではなく、見えない深層にアクセスしているか？　哲学もここからスタートするはずだ。

整理の視点

1・6 ルソーの視点 社会契約

国が先か？ 国民が先か？

「社会秩序とは神聖なる権利であり、これが他の全ての権利の土台となる。しかしこの権利は自然から生まれたものではない。合意に基づいて生まれたものなのだ」

（『社会契約論』光文社文庫19頁）

「税金泥棒」、もはや耳に馴染んだフレーズだ。「行政の信頼性確保・向上」を目指すレポートが総務省に提出されている。行政不信は、コロナ禍でさらに痛烈かつ深刻になってしまった。私たちの権利を守ってくれる社会はどこにあるのか？ いや、探してもしかたない。人々が共有する意志によって人々にふさわしい社会にしなければならない。このように説くのが「社会契約」だ。

その名も『社会契約論』は、ジャン＝ジャック・ルソーの著作の一つだ。「**人は自由なものとして生まれたのに、いたるところで鎖につながれている。自分が他人の主人であると思い込んでいる人も、実はその人々よりさらに奴隷なのである**」（『社会契約論』18―19頁）という名文は、フランス革命勃発直後に制定された「フランス人権宣言」の基礎となっている。一部を抜粋しよう。

第一条　「人は、自由、かつ、権利において平等なものとして生まれ、生存する。社会的差別は、共同の利益に基づくものでなければ、設けられない」

第三条　「すべての主権の淵源《えんげん》は、本質的に国民にある。いかなる団体も、いかなる個人も、国民から明示的に発しない権威を行使することはできない」

「自由で平等な国民」。私たちにとっては当たり前の事実かもしれない。が、当時のフランスは絶対王政。身分制度が国民に重くのしかかり、不自由・不平等が当たり前だった。ルソーら啓蒙の思想家は、このような時代背景があったからこそ「国民が主権を持つ」ことを理論化できたのだ。社会契約説の影響はヨーロッパにとどまらない。「東洋のルソー」の異名を持つ中江兆民は、『社会契約論』を漢文訳し、『民約訳解』として上梓した。「社会契約」は日本の自由民権運動を推進する基幹エンジンでもあったのだ。

整理の視点

ルソーは「社会契約」という概念を、トマス・ホッブズ[*1]とジョン・ロック[*2]から引き継いでいる。世界史の教科書でも「社会契約説」の思想家として三人がセットで紹介される。だが、その内容は三者三様。最大の違いは人間の「自然状態」の規定に現れる。

まず、ホッブズの自然状態では、「万人が万人に対して敵である」とされる。自然状態の人間は己の欲望にのみ従う。自分の欲望を満たすために他人を害することを厭わない。ホッブズにとって社会の力は、このような競争・侵害・戦争を避けるために必要なものであり、個人は社会と契約することで、自分の自由と生命を公的な権力によって守ってもらえる。これがホッブズの説だ。

ロックは「自然状態」の人間をどのように描いているか。キーワードは「自然法」と「所有権」だ。「自然状態」の人間はただ「自然法」によって支配される。ロックの定める自然法は、「何ぴとも他人の生命・健康・自由・財産を傷つけるべきでない」である。この自然法が、万人の所有権を保護する。だが自然法では人間の欲望を管理しきれなくなる。そこで人々は、人為的に法律を定めるようになった。社会はこの人定法を執行する力を持ち、このような社会に属す人々の所有権を守るのだ。

一方、ルソーの「自然状態」では、人間は何ものも所有していない。家族も持たず、「我が子」

＊1　17世紀、イギリスの哲学者。『リヴァイアサン』で社会契約説を描いている

＊2　17世紀、イギリスの哲学者。「イギリス経験論の父」と呼ばれる。『統治二論』のうち第二論『市民政府論』で社会契約説を描いている

という認識もない。子供は自然に集まったグループの中で自由に育つ。そのような自然状態が維持される社会をルソーは理想とする。

「自然状態とは、私たちの自己保存の営みが、他者の自己保存の営みを害することのもっとも少ない状態であり、この状態こそが、本来もっとも平和的で、人類にもっとも適した状態だった」（『人間不平等起源論』光文社100頁）のだ。だが、すでに人間は言語と科学技術を獲得してしまった。そして「労働」が発生する。同時に、「財産・貯蓄」という概念も人間の欲求に巣くうようになる。こうなっては「自然状態」は望むべくもない。こうしてルソーは、別の理想となる「社会状態」を模索する。

ルソーのビジョンでは、「社会契約」は「どうすれば共同の力のすべてを持って、それぞれの成員の人格と財産を守り、保護できる統合の形式を見出すことができるだろうか？」（『社会契約論』39頁）という困難な問題を解決する秘策だ。

この問題提起には、一つの条件が続く。「自分にしか服従せず、それ以前と同じように自由で在り続けることができなければならない」。王制だろうが貴族制だろうが、民主制だろうが、どのような政治体制でも、何よりもまず、「自由で平等な人民が主人」でなければならない。だから、自分以外に主人を持つ人民の国は、機能不全を起こしてしまうのだ。

整理の視点

「人民が主人を持つことに慣れると、もはや主人なしではいられなくなる。そしてくびきを投げ捨てようとすればするほど、ますます自由から遠ざかる」

(『人間不平等起源論』13頁)

ラ・フォンテーヌの寓話に「王を望むカエルたち」がある。カエルたちは民主政治に置かれていた。しかしこの政治体制に飽きて「王様をください」とゼウスに願い出る。ゼウスは一本の梁を送った。木材ゆえに梁は命令しない。ただ黙って座っている寛大な王だった。カエルたちは、この王にも飽きる。「別の王様をください」と願い出るカエルたち。今度は、ゼウスは一羽のツルを送った。ツルはカエルたちを食い殺していく。カエルたちは愁訴《しゅうそ》する。そしてゼウスは答える。「汝らははじめ、自分たちで治めるはずではなかったか。だがそれをしなかった。はじめの寛大でおとなしい王でよかったではないか。今度の王で我慢せよ。さらに悪いのが来るといけない」

(『ラ・フォンテーヌ寓話』白水社66―67頁)

私たちは自由を野放しの放埒さと勘違いする。ルソーも危惧するところだ。私たちは今、寓話のカエルのようになっていないだろうか。社会という公の権力を行使する者たちも、社会の自由で平等な一員なのだ。社会契約を結んだ各々の自由な主体は、自らの能力を共同のものとし、共通の利益のために役立てなければならない。この意志は、国から命じられるものでもない。個人

＊　20世紀を代表するイギリスの哲学者。1950年、ノーベル文学賞を受賞した

的な事由で発動する意志でもない。全ての構成員が共有しながら各個人を動かす意志だ。これをルソーは「一般意志」と呼ぶ。そして「一般意志」によって幸福な社会は成立する。

「この世にたったひとり。もう兄弟も、隣人も、友人も世間との付き合いもなく、天涯孤独の身。私ほど人づき合いが好きで、人間を愛する者はいないというのに、そんな私が、満場一致で皆から追放されたのだ」

（『孤独な散歩者の夢想』光文社文庫9頁）

さて、これはルソーの遺作、絶筆となってしまった『孤独な散歩者の夢想』の冒頭だ。フランスをはじめ、世界各国の政治体制や自由運動に影響を及ぼしたルソーに、いったい何があったのだろうか？　当時のフランスの思想界を代表する百科全書派。その首脳陣であるヴォルテール、ディドロ、ダランベールらと、はじめは才能を認め合いながらも思想面で対立、さらに個人的にもいさかいを起こして次々と絶交していく。バートランド・ラッセル*はルソーに対し「彼があらゆる通常の美徳に欠けていたことには、豊富な外部的証拠がある」（『西洋哲学史3』みすず書房678頁）と厳しい評価を下す。

ルソーは理想家だったのか？　ワガママ男だったのか？　彼は何を夢想して最期を迎えたのだろう。だが哲学をする者は、人物そのものを神格化もせず、盲信もせず、無視もしない。その者の視点を時代に適応させていく。「社会契約」の視点を生かすか殺すか、それは私たち次第だろう。

整理の視点

1·7

マルセルの視点

実存

コロナ禍後の在り方は?

「〈私〉と〈私自身の身体〉との間にある同じ関係が、〈私〉と〈世界〉との関係にある限り——私が受肉した存在者である限り——世界は私に対して存在する」

(『形而上学日記』春秋社405頁)

新型コロナウイルスの災厄は、コレラやペストのパンデミックとは異質なところがあった。私たちが全幅の信頼を置いていた「安全」なるものを崩壊させ、世界中を「不安」に突き落とした。

さて、「不安」は「私たちの在り方」に由来する。ならば、コロナ禍後は、「実存」という視点がいっそう重要になるだろう。歴史は、「不安」の時代には「実存」の哲学が希求されることを語っているからだ。

* デンマークの哲学者。一般的には、実存の思想家の嚆矢(こうし)として紹介される。著作としては『不安の概念』『死に至る病』が有名

コロナ禍が始まった二〇二〇年初頭、カミュ（―3・1―参照）の『ペスト』が世界中で空前絶後の大ヒットとなった。そんなカミュも実存主義者として紹介される。「実存主義者」を哲学事典で調べると、キェルケゴール、ハイデッガー（―3・4―参照）、サルトル（―3・3―4・2―など参照）らの名前が挙げられる。キェルケゴールから時代を遡るが、思想的にはパスカル（―1・1―6・2―参照）も実存の思想家として認められるだろう。

では、彼らが考え続けた「実存」とは？　これに対しては、おおかた、サルトルのこんなフレーズが使用される。

「実存は本質に先立つ」

では、「本質」とは？　「本質」先行では、「こうである」と定義される人間の「本質」なるものが予め決められていて、各個人はその「本質」に則って生きるのが定めとされる。そこでは、「私たちが何になるか？」が問われる。一方で「実存」は、予め「こうである」を定立しない。むしろ、そんなものはないと考える。そもそも私たちは何者でもない。何者でもないから、人間は未来へと主体的に「**投企**」（―5・2―参照）することで、自ら創ったところの者になる。「**実存は本質に先立つ**」は、「**何になるか？**」より「**いかになるか？**」**を重視している**と言い換えられるだろう。

整理の視点

サルトルやカミュらは、キリスト教を人間の「実存」を損なうものであると問題視し、自ら無神論者であると公言した。そして、「信仰」では解決しない世の不条理を人々に見せつけた。こうして、人々の主体的な「投企」を促してきた。当時の思想界において、サルトルやカミュらの威力は絶大だった。人々は、「実存主義者＝無神論者」と思い込んだ。

一方で、マルセルのようなキリスト教的実存主義[*1]も、少数派だがいた。マルセルによれば、**「実存者は私の身体に関連して規定され位置づけられる」**（『存在と所有』春秋社9頁）。「実存する」ものは、決して客体化された「私」ではない。**何よりもまず、「私の身体」が実存するのだ。身体なくして、世界の中の「私」が認められるはずはない。**冒頭の「受肉した存在者」は、こうした意味を負っている。「受肉した」のフランス語《incarné》は、《incarner》（受肉させる・肉体を与える）の過去分詞。その名詞系の《incarnation》は「受肉」と訳され、大文字から始まる《Incarnation》はキリストの託身を意味する。サルトルが、マルセルをキリスト教的実存主義として命名した理由が、ここにある。

ここで「死」について考えてみよう。マルセルは私たちに、「もはやヴィクトル・ユゴー[*2]やナポレオンが実存しないというとき、一体、私たちは何を言おうとしているのか？」（『存在の神秘』春秋社248頁）という問いかけをする。確かに私たちは、身体の機能の停止を考えることはできる。

＊1　マルセルは積極的にこの分類に賛同していない。本来、「実存」は「信仰」へ導かれるからだ

＊2　フランスロマン主義を代表する19世紀の詩人で小説家。政治家でもある。『レ・ミゼラブル』の著者

しかし、それは「死」について考えることではない。もし「私」が、生産するだけの機械だったら、「私の死」は単なる装置の終わりに止まる。すぐさま、「私」の場所も役割も、新しい誰かに入れ替わるだろう。はたして、私たちの「死」とはこのようなものだろうか？「そうではない」とするなら、その鍵は「他者」との関わりにあるだろう。

つまり、**「私の在り方とは？」という問いかけは「私」が答えるものではないのだ。それは「他者」からの呼びかけである。**そしてこの「呼びかけ」は、いずれ、絶対的他者である神からの呼びかけへと至る。この呼びかけを聞き取ることが、マルセルが主張する「信仰」である。

サルトルに代表されるように、無神論側の実存の思想家たちは「死」を考察しながら「信仰」を排した。一方で、「不安について反省する人は誰でも、パスカルとキェルケゴールを自分の反省の中心に置かざるをえない」（『人間　この問われるもの』春秋社378頁）と明言するマルセルは、サルトルらとは違ったコロナ禍後の未来を喝破するだろう。新型コロナウイルスがもたらした「不安」は、私たちの在り方を問い質す。そして、実存者を「信仰する者」へと誘う。「信仰する者」は、ただ教団に所属する「信者」とは異なる。「信仰」とは、特定の何かを信じることで己を強化することではない。むしろ、己を無化することで、見知らぬ誰かの呼びかけを受け取ることだ。そのとき、「特定の何か」は「神」「未来」「他者」など、様々な言葉で表現されるだろう。

整理の視点

COLUMN

アダム・スミスが見た未来

資本主義に生きる人間

ポン・ジュノ[*1]のSF映画『スノーピアサー』は、マルクスの「階級闘争」の比喩として解釈できる。

地球温暖化による気候変動と自然災害を防ぐために、新たな氷河時代をもたらした人類は全滅に近い状態に直面している。生存者は地球を回る、町のサイズの列車に避難するが、食料や資源が不足している。生き抜くために、車内は大惨事前の社会階級を再生。生産手段を持つ少数の大富豪層のために、大勢の労働者が3K（きつい・汚い・危険）仕事に就労させられる。映画の主人公は革命を起こすが、資本主義社会の表象である列車に残る限り貧富の差は解決されない。選択肢は二つしかない。弱肉強食の列車か、資本主義により破壊された地球に住むか。

ここでは資本主義は悪夢として描かれるが、実際は、資本主義経済モデルは生活水準を上

＊1　韓国の映画監督。映画『パラサイト』も資本主義を批判する作品である
＊2　17世紀イギリスの哲学者。「万人の万人に対する闘争」が有名

げ、多くの社会問題を解決している。資本主義はユートピアかディストピアか、アダム・スミスの『国富論』から再考しよう。

「外国産業よりも国内産業の維持を選択することによって、彼は、たんに自分自身の安全を意図しているにすぎず、その生産物が最大の価値をもつような方法でその産業を管理することにより、彼は、自分自身の利益を意図しているのであって、彼はこうするなかで、他の多くの場合と同様に見えない手に導かれて、彼の意図には全く含まれていなかった目的を促進《そくしん》するのである」（『国富論（上）』講談社学術文庫654頁）

多くの哲学者と同様にスミスは人間嫌いだった。生涯未婚、自分の母といっしょに住み、政治家も銀行員も商人も苦手だった。トマス・ホッブズ[*2]やモンテーニュ（一2・1一参照）などの多くの哲学者が引用するラテン語「Homo homini lupus est＝人間は人間にとって狼である」は、スミスの思想を理解するために重要だ。人間は危険な存在であり、法律や制度なしでは人間の悪質は抑えられない。こんなシニカルな表現もしている。「犬同士が公正で計画的な骨の交換をしている風景など、誰一人見たことはないだろう」（『国富論』44頁）。

整理の視点

平和の鍵は商売にある。一種のキャピタリズムで人間の利己主義を利用し、社会全体の利益にする、これがスミスの目標だ。

スミスによると、人は「自分自身の利益」しか考えていない。「利益」は金銭欲だけを意味しない。誰もが苦痛を避け、幸福を求めるだろう。人間の本質は変わらない。だから社会はその力を利用し、誰でも幸福を達成できる環境を構築すべきなのだ。

鍵は人間の心理にある。人間心理を手玉に取り、個人の利益を最大化する環境をつくる。こうすれば、「見えない手に導かれて」人は自分のために、そして必然的に他人のために努力する。この環境さえ整えば、個人の商売への国による干渉は不要なのだ。

「レッセフェール « laissez-faire »」というフランス語がある。「なすに任せよ」を意味する思想だ。多くの人がレッセフェールの思想家としてスミスを挙げる。しかし、『国富論』ではこの言葉を一度も使っていない。さらに、人間に対する不信感を持つスミスは、現代の「レッセフェール」の主張者と異なり、国などは最低限のルールをつくる必要があると考えていた。特に、独占を禁止する法律には賛同しただろう。また、現代の資源や環境問題などを予想できなかったスミスは、国家間の自由貿易を推奨していた。

＊　アメリカの思想家。マルクスの思想を軸にして活動している

「見えない手」が全ての社会問題を解決することはない。遡ってみても、プラトンの『国家』をはじめ、思想家たちは私たちに理想郷を見せ、実現する道を紹介する傾向がある。しかし、これは机上の空論で、時代の変化を考慮し得ない。確かに、スミスの資本主義モデルを目指し、国民の生活水準を上げた国はある。しかし、その国にも、資本主義社会とはいえ、社会保障など病気や障害の理由により自由経済闘争に参加できない人を守る制度が必ず必要である。また、AI革命で多くの仕事が不要になることから、スミスが賛同できなかったと思われるBI（ベーシックインカム）を求めている政治家やCEOが増えている。

二十世紀に、別のユートピアである共産主義が目指されたことは記憶に新しい。そして、共産主義革命によって数切れないほど犠牲者が出た事実も生傷のように残っている。人間の中にいる狼を馴らせる制度は、不完全な資本主義しかないのか？　それはただ、私たちが資本主義に馴化《じゅんか》されただけなのか？

ポストモダン思想家のフレドリック・ジェイムスン*は「世界の終焉を想像できるが、資本主義の終焉を想像できない」と言う。私たちは、新たに出現する問題を解決するための新しい社会モデルを想像できるだろうか？　あるいは、ポン・ジュノの世界が現実になってしまうのだろうか？

解体の視点

2

もはや何が問題かわからない。
見えているのは習慣と惰性のみ。
先入観や常識や体制を
ブレイクアップさせるのに
役立つ視点。

2・1

モンテーニュの視点

懐疑

判断中止は思考停止か？

「懐疑主義という考え方は、私が天秤といっしょに銘とした〈ク・セ・ジュ（私は何を知っているのか）？〉のように、疑問形で示せば、より確実にわかる」

（『エセー4（第2巻第12章）』白水社160頁）

上司と部下、営業部と制作部、それぞれに主張し合ってなかなか解決しない問題など、立場の違いからくる衝突は日常茶飯事だろう。会議を重ねれば重ねるほど、問題は混乱し課題が見えなくなってくる……このようなときには、「判断を中止せよ」と言ったのが、モンテーニュだ。

十六世紀フランス。モンテーニュの祖国は、カトリック派とプロテスタント派に二分された。

二分といっても、一方的に善と悪が分かれるものでもない。カトリック側が異端として断罪しても、どれほど厳しく弾圧しても、プロテスタントにはプロテスタントの正義がある。カトリック教会の腐敗を正すという使命は、プロテスタントの正義の心臓部だ。しかし、両者に正義があるためにいっそう状況は悪化し、果ては、カトリックによるプロテスタントの大虐殺という最悪の事態まで起こってしまう……。

だが、これは教科書的な状況説明にすぎない。表面的にはキリスト教の二つの宗派による内乱ではあるが、この戦争には、王家や貴族の権力闘争、フランスを囲むイングランドやスペインなど諸外国の権力闘争までが絡んでいったのだ。その結果、フランスでは一つの王朝が終わり、ブルボン王朝が始まるに至る。

それがモンテーニュが生きた時代だった。そんな中で、どちらの陣営にも偏ることなく、かといって、どちらにも属さない立場など危なくって仕方がない。実際、モンテーニュは刺客の襲撃を受けたり、バスティーユに投獄されたりもしている。一体、どのような立場から問題を見れば、窮地を脱せられるだろうか。

モンテーニュが直面していた問題は、まさに「ぐちゃぐちゃ」だったわけだが、これほどまでぐちゃぐちゃに混乱した問題でなくても、誰でも、そこそこぐちゃぐちゃな問題にぶち当たったことがあるはずだ。そんなとき、私たちはどのようにその問題と向き合えばよいのだろうか？

2 解体の視点

モンテーニュ流懐疑は、大小様々な損得が複雑に絡み合った問題を、単純化させる奥義である。懐疑主義は、紀元前の哲学者ピュロンに始まり、その後、モンテーニュ、デカルト（―1・3―参照）、デイヴィッド・ヒューム*、カントらに受け継がれる。

実に「懐疑」とは哲学の基本的姿勢とまでなり、「哲学者って疑ってばかりだ！」なんて揶揄《やゆ》も飛ばされるようになった。が、モンテーニュの懐疑はそのようなものではない。モンテーニュは自らの懐疑を「ク・セ・ジュ？」と言い換える。ポイントは疑問形にある。**「私は何も知らない」と断定するのではなく、「私は何を知っているか？」と疑問形にするのだ。**

たとえば、「この意見は間違っている！」と断定するとき、私たちは何を根拠にするだろう。様々な答えが用意されうる。中でも最低の答えは、上司や前例を頼りにすることだ。しかし、私たちの判断は、しばしばこんな権威に従ってしまう。だから一度、「判断を中止」しなければならないのだ。

モンテーニュは実際に、ギリシア語で「私は判断を中止する」と刻まれた銅のメダルを作り、これを常に携帯していた。無論、「判断を中止する」は、「誰かの指示を待つ」とは真逆の姿勢だ。それは「自分の目で確かめる」に決着する。「判断を中止する」は待つどころではなく、積極果敢に行動することなのである。

*　イギリス経験論を代表する18世紀の哲学者

実際、私たちは本当に自分の目で見ているだろうか？世間の目や、流行の目で世界を見ていないだろうか？

世間の視点とは「そうであるべき」見方であり、流行の視点とは「そうであってほしい」見方である。これに対し、モンテーニュが伝授する視点は、「本当に自分の目で見ているだろうか？」である。

事態が混乱しているときこそ、自分の目で確かめよう。この視点は、中庸の視点とも言える。「中庸」という言葉を見誤ってはならない。これは決して、左右両極の中間地点を指すものではない。モンテーニュが宗教戦争の終結に向けてやり続けたことは、先入観を退けること、そして、どちらの世界とも自分自身の目で関わり続けることだった。**モンテーニュの中庸は、両極を往来する視点だったのだ。**

モンテーニュの懐疑は、「疑う」ではなく、「自分の目で確かめる」という行動を重視するものだ。逆説的だが、私たちの目は騙されやすいからこそ、信頼できる。人間の信頼と真価は、権威によってではなく、この自分の目で確かめる行動によって問われるべきであろう。

2 解体の視点

2・2

ル・ボンの視点

群衆

SNSは国を動かすのか？

「外界のあらゆる刺激に翻弄される群衆は、その不断の変化を反映する。そこで群衆は、いったん受けた衝動の奴隷となる」

（『群集心理』講談社学術文庫41頁）

同調圧力。日本特有の現象とも解されるこの言葉だが、そうではない。これはどの国にも共通する問題だ。たとえば、欧米での「キャンセルカルチャー」が挙げられる。政治家や著名人たちが、その発言や行動を徹底的に糾弾され、活動休止に追い込まれる現象だ。« You are cancelled. »（お前は用なし）に由来する。この現象には、SNSなどソーシャルメディアの普及が不可欠であることは、容易に想像がつくだろう。この問題を「群衆」の心理から分析したのが、フランスの社会心理学者ギュスターヴ・ル・ボンだ。

＊　フランス革命の立役者。革命後、政治家として権勢を強め、事実上のフランスのトップとなる。しかし、政敵の弾圧と粛清を開始し、その政治体制は「恐怖政治」と呼ばれる。最後は自らも粛清の対象となりギロチンにかけられた

ル・ボンは群集の心理分析をしながら、近代を「あらゆる国において、群衆の勢力が急速に増加しつつある」時代、つまり「群衆の時代」と名付けている。この本が生み出されたのは一八九五年。フランス革命百周年を記念しパリで万国博覧会が開かれたのが一八八九年。フランスでは、この大革命から『群集心理』出版までのたった百年で、想像を絶するレベルの歴史的大事件が連発する。その鍵となるのが「群衆」だ。

確かに、群衆の力はフランス革命を実現させた。だが早々と、群衆は当初の目標を忘れてしまう。そして体制は恐怖政治に変化してしまった。その後、クーデターが二度起こり、王政復古や帝政などが続く。無論、ロベスピエール*やナポレオンなどの傑物の登場は最重要項目だ。だが実際は、群衆のほうが彼らの運命を左右してきたのだ。

『群集心理』は百年以上も前の産物。「今に通用するだろうか?」と訝《いぶか》しがる向きもあるだろうが、全く問題ない。むしろ、「群衆」は落ち着くどころではなく、当時とは比べものにならないテクノロジーとコマーシャリズムの増進によって、より先鋭化・拡大化している。その傾向が顕著に現れるのが、CMとSNSだ。

CMと略されるとどうにも焦点がぼやけてしまうのだが、そもそもこれは和製英語の«commercial message»(商業メッセージ)に由来する。商品販売を目的としたメッセージだ。たまに味わい深いものにでくわすが、「商品を売る」から離れた哲学的・芸術的メッセージであることは、

2 解体の視点

定義上ありえない。しつこいくらいに繰り返されるメッセージを不快と感じる人も多いだろう。

そしてSNSだ。CMと違い、SNSは公開するためのチェックを経ないため、事態はさらに深刻だ。SNSで発生する大小様々な問題には、まさに「魑魅魍魎《ちみもうりょう》」の比喩がふさわしいだろう。メッセージは断定的で、何度も繰り返される。それゆえに爆発的な感染力を持つ。このメッセージはリアルの世界にも想定外の影響を及ぼす。政治や経済、教育も、SNSでの出来事を看過できない。そこでの、**「断言」「反復」「感染」は、ル・ボンが群衆に思想を刷り込ませる方法として挙げる三つの手段**と見事に重なる。

ル・ボンによると、「推理や論証を免除された無条件な」メッセージが群衆を生み動かす決め手となる。ここに「なぜ?」の証明は不要、むしろ邪魔でしかない。群衆が求めるものは「真実ではなく幻想」なのだ。その幻想は刺激によってより現実味を帯びていく。だから「反復」が不可欠。そして「断言」と「反復」が揃えば必然的に「感染」は起こる。

刺激は核心的問題を曖昧にする力がある。それは絶大な力だ。核心は「なぜそうなのか?」に起因し、そして問題解決には時間を要す。それが刺激には天敵になる。群衆は「衝動的で盲従的で過激で単純」でいようとするからだ。

さて、もう一つ重要な分析がある。冒頭の引用は、このように続く。

「理性によってその刺激に従うことの不都合を悟れば、それに従わない。単独の個人は、自己の反射作用を制御する能力を持っているが、群衆はこの能力を欠いている」

（『群集心理』41頁）

つまり群衆を形成する個人は、群衆が解かれるや別人のようになる、ということだ。SNS内の人物像と本人が全く違うのは特別な現象ではない。ル・ボン理論のポイントは、感染者である群衆はその状態に無意識である、というところだ。彼らは意欲的にそうあろうとするのではなく、無意識に頑迷であり、無意識に心象に翻弄され、無意識に衝動の奴隷となっているのだ。

「群衆」という視点は、取り扱いに細心の注意を要す。同様の視点は、パスカル（ー1・1ー参照）にもニーチェにも、スペインの哲学者オルテガにもある。このような視点自体は危険なものではない。「群衆」という視点の使い方は、私たち次第だ。

さて、私たちが目指すのは、群衆を操作する権力者だろうか、あるいは群衆を解体させる改革者だろうか。もう一つの答えもある。それは、自分自身が「群衆」の一部にならないことだ。

2 解体の視点

2・3

ベンヤミンの視点 アウラ

なぜ、わざわざルーヴル美術館に行くのか？

「〈どんなに近くにあっても遠い遙けさを思わせる一回かぎりの現象〉というアウラの定義は、芸術作品の礼拝的価値を空間、時間の知覚のカテゴリーによってあらわしたものである。遙《はる》けさは近さの反対である。遙けさの本質は、近づきがたいということにある」

（『複製技術時代の芸術』晶文社１３８頁）

ルーヴル美術館にまで『モナ・リザ』を見に行ってがっかりした、と言う人は珍しくない。実物はかなり小さい。周りに立っている人がうるさい。結果、満足感が得られない。友達の家の壁に飾っている複製画のほうがキレイだ。「そもそも美術館に行く意味があるのだろうか？」高価なブランド品を手に入れた人は、コピーではなく「本物」であることを自慢する。が、同じ「本物」を買った人が世界中には何万人もいる。「これは本物と本当に言えるだろうか?」

そこで、ヴァルター・ベンヤミンは「アウラ」について考えた。

「アウラ」の原語は《aura》。「オーラ」と訳されたほうが、私たちには馴染みがあるだろう。しかし、「オーラ」は霊気やあの世や超能力に関わるものだが、「アウラ」はこれらとは全く関係を持たない。私たちは「アウラ」を通して芸術の本質的体験をする。簡単にコピーできる時代以前は、本物の作品は世界に一つしかなかった。作品と鑑賞者は、常に一期一会だった。無論、コピーは有史以来常に存在していた。だがそれは、オリジナルを再現しきれない「偽物」でしかなかった。オリジナルと同じ価値など持ちえなかったのだ。だからこそ一回限りの体験が可能であり、ここで人々はアウラを目撃したのだ。しかし、今や、オリジナルを簡単に複製できる。現代は「アウラの凋落」の時代なのだ。

「アウラの凋落」は、産業革命に端を発する。近代化による環境の激変が世界観も変える。人々は、言いようのない孤独や退屈や疎外感にさらされる。「この状況から脱出するにはどうすればいいのか?」答えの一つが娯楽だ。しかしこれには、アヘンと同類の作用がある。刺激はさらなる刺激を求めさせるのだ。江戸川乱歩『屋根裏の散歩者』の主人公郷田三郎は、退屈のあまり、そこから解放されるために殺人に至る。どの都会人にも、郷田になる可能性があるかもしれない。

2 解体の視点

確かに極端な例ではあるが……。

孤独感を抱え、特に目的なくブラブラする。ベンヤミンは、これらの人々を遊歩者（フラヌール）と名付け、その人物像を自らのエッセイで発展させた。ベンヤミンは、彼らフラヌールに共感し、ただの娯楽に終わらない、有意義な芸術体験の方法を探ったのだ。

孤独も退屈も、時代によって感じ方が変わるだろう。たとえば、退屈の感じ方は、スマートフォン登場以前と以後で激変した。「退屈」は二十世紀の新しい病だった。しかし、退屈を嫌う人々によって、様々な発明がされる。スマートフォンはある意味、「退屈」を治す特効薬だ。

科学技術が進めば、時代によって孤独や退屈も変化する。その影響は、芸術作品にまで及ぶ。ベンヤミンは、「複製技術時代の芸術」と、その時代に生きる人々の世界観を、「アウラ」という視点を通して洞察した。

それからほぼ一世紀が経ち、「アウラの凋落」時代、芸術作品やその作者もただの商品となった。画家、音楽家、そして俳優など、芸術家たちはアウラをなくした生産物として消費される。今や、誰でも作者《auteur》になれる。《auteur》は本物・真正さを示す言葉だ。現代における自費出版、自作音楽の発信、ネット投稿などは、一例だろう。一般人が本物を超える作品を創り、さらにそれを同時に大勢の人が異なる場所で見られる。こうして、私たちは本物の『モナ・リザ』を見ても感動しなくなってしまったのだ。本物と変わらないコピーが目の前にあるのに、なぜわざわざ時間と体力を費やして本物を体験するのだろうか？

とはいえ、別の視点でルーヴル美術館に行く意味は残されている。失われた「アウラ」を通して、私たちは新しい世界を観察し、コピーを主体的に鑑定することができる。「アウラ」を通して、芸術作品と私たちとの関係を確認できる。それは同時に、SNSなどの技術によって私たちが見落としているものを再確認することだ。近代以前も、現代も、芸術は体験するものだ。ただのノスタルジアや幻想と批判されるかもしれない。しかし、本物の「アウラ」に出会える期待とその喜びこそ、人間に許された体験なのだ。そのために、わざわざルーヴルに出向き、わざわざ「小さくて遠い」ところにある本物に会わなければならないのだ。

2・4

バタイユの視点

有用性

なぜスマートフォンはヴァージョンアップし続けるのか？

「何の役にも立たないものは、価値のない卑しいものと見なされる。しかし私たちに役立つものとは、手段にすぎないものだ。有用性は獲得にかかわる──製品の増大か、製品を製造する手段の増大にかかわるのである」

（『呪われた部分　有用性の限界』ちくま学芸文庫45頁）

どんどん新機能が追加されるスマートフォンや家電。本来、機能とは「使いやすく」改良されていくはずだが、新機能は「使えない」ものばかり。改良とは名ばかりで、新商品を購入させるための企業側の策略なのではないか。そんな現代にも通じる疑問に「有用性」という視点を導入

＊　1870〜1871年

したのが、バタイユである。

十九世紀は産業革命がヨーロッパ諸国に広まった時代だ。この動きを牽引したのがイギリス。当国で機械化は一七六〇年代に行われた。続いてフランスやドイツでも機械化が本格化し、普仏戦争*終了後に資本主義体制が成立した。この動きは哲学の領域にも波及する。マルクス（1-3・コラム1参照）とニーチェとフロイトを経て、哲学者たちも近世以降の硬い殻を破ろうとした。それは哲学の新たな次元とも言えるだろう。

その次元に移るために不可欠なのが、マルクス、ニーチェと対峙することだった。それは同時に、人間の生々しさを取り戻すことでもあった。マルクスによれば、資本とは「剰余価値を生むことにより自己増殖する」ものである。このような「資本の自己増殖運動」に人間は抗うことはできるのか？　このエキサイティングな問題に挑んだのが、バタイユである。

バタイユに傾倒した日本人と言えば、三島由紀夫が挙げられるだろう。彼は自決前の対談で、現代ヨーロッパの思想家でいちばん親近感を持っているのがバタイユであると述懐している。バタイユという思想家のテーマは実に奇怪だ。およそ哲学的と言えないものが芋づる式に登場する。**禁止と侵犯**、**聖なるもの**、**エロス**などである。これらのテーマが三島由紀夫作品に見え隠れするのを三島ファンは認めるだろう。

2 解体の視点

「資本の自己増殖運動」が、国家のイデオロギーとして推奨されるときもある。推奨とは言っても、イデオロギーである限り、これは自由選択ではなく、国民は抑圧的な束縛を受ける。代表例が、戦前の「産めよ増やせよ」だ。人間を機械のごとく扱うこのメッセージを、時代遅れと侮ってはならない。国家的抑圧は免れているものの、相変わらず、隠然と、「産めよ増やせよ」は、私たちを取り囲み、圧迫してくる。これは「資本」の本質なのだ。資本主義である限り、製品は「ヴァージョンアップ」し続けなければならないのだ。

ベンジャミン・フランクリン*の「牝豚の比喩」をご存知だろうか。

「**時は金なり。金には繁殖力と多産力がある。金は金を生む。子が子を生み、さらにその子が子を生むように続くのだ。一頭の牝豚を殺す者は、数千頭の子豚たちを殺すのだ**」

この比喩をバタイユも引用している。「牝豚の比喩」は資本主義の本質を的確に言い表すのだ。私たちは、何も生産しない部下や上司を「有能だ」と認められるだろうか。非生産的な時間に価値を見出せるだろうか。

だが、これらの答えは個々の信念に左右されるものではない。なぜなら、資本主義には「非人称的な意志」があるからだ。**はたして、資本主義から人間は解放されうるだろうか。**

* 18世紀のアメリカの政治家。アメリカ独立宣言の起草委員の1人

その端緒となる視点が「有用性」である。引用の「有用性は獲得にかかわる」を現代に適応してみよう。次々と発表される新商品には、必ず有用な機能がつく。「以前と同じ」では新商品にはならないし、「無用な機能がたくさんあります」では、その商品は売れない。新しい機能は必ず有用なものでなければならない。

ではなぜ、次々と新しい機能が追加されるのだろうか。それらは人間にとって有用なものなのだろうか。「そうではない」とバタイユは断言する。「資本の自己増殖運動」では主従は逆転する。**「商品にとって人間が有用」なのだ。**主語は人間ではなく商品なのだ。そんな人間をバタイユは、「惨めだ」と言う。

「人間が有用性の原則の前に屈するようになると、人間は結局貧しくなる。獲得する必要性、この貪婪《どんらん》さが人間の目的になる。［中略］憂鬱さと灰色の日々が目の前に広がる。人間には絶滅の力が与えられたのである」

（『呪われた部分　有用性の限界』53頁）

教育も仕事も貯金も、一切は資本主義に有用な人間になるため。「役に立つ人間になれ」は、「資本の自己増殖に有用な人間になれ」を意味することになる。フランクリンの「牝豚の比喩」を受けてバタイユは、「繁殖力のある牝豚を殺せない人間は結局、数千頭の子豚の犠牲になり滅びるだろう」と注意を促す。

2 解体の視点

2・5 フーコーの視点 パノプティコン

いずれ二十四時間監視される？

「可視的とは、被拘留者が、自分がそこから見張られる中央部の塔の〈監視者の〉大きい人影をたえず目にする、との意である。確証されえないとは、被拘留者は自分が現実に凝視されているかどうかをけっして知ってはならないが、しかし、自分がつねに凝視される見込みであることを確実に承知しているべきだ、との意である」

（『監獄の誕生』新潮社203頁）

コロナ終息後もテレワークは残るだろう。しかし、社員の生産性を正確に測る方法などの課題は山積。マインドセットの壁もある。家で仕事するよりも、人に囲まれて作業したほうがはかどる社員もいる。「Coffitivity」[*1]のようなアプリも人気だ。この状況には、「人に見られていると集中

＊1　カフェの店内にいるかのような適度なざわめきを再現するBGMアプリ

＊2　現ベラルーシ共和国の都市

＊3　18～19世紀のイギリスの哲学者であり法学者。功利主義を体系化した。そのキーフレーズ「最大多数の最大幸福」は有名

できる」という心理が現れている。この心理分析に、ミシェル・フーコーの「パノプティコン」がヒントになる。

舞台は十八世紀のクルィチャウ。[*2]ジェレミ・ベンサム[*3]はパノプティコンという新しい刑務所を構想する。この功利主義の創始者は、空間の再編成により、刑罰制度を改革し、社会の幸福へ貢献しようとした。

パノプティコンは丸い形の建物の真ん中に塔がある。塔にいる監視官は独房にいる囚人をいつでも見られるが、囚人は塔にいる監視官をはっきり見られない。その結果、いつ監視されているかわからないため、いつも監視されているように囚人は正しく行動をしなければならない。また、全ての独房を終日凝視する必要がないので、数名の監視官で運営できる。この仕組みは社会に悪影響を与えた囚人の改心に繋がる。さらに「誰が見張りを見張るのか？」も意識し、監視官を監視する仕組みも考えた。

だが、この型の刑務所はほとんど実現しなかった。ベンサムのコンセプトは失敗作として終わったのだ。

そして、時は移って、一九六〇年代。フランスでも学生反乱が連鎖的に起きた。大学で教えるミシェル・フーコーは若者の不満に同情する。フランスの政府は保守的な倫理観に縛られており、

2 解体の視点

理想を再考しようとする人々の自由を制限した。特に、新しいアイディアを生み出しうる大学は問題視された。フーコーは教育・研究の自由のために闘う。また、非常に厳しかったフランスの刑罰制度の見直しを図る。そこで、ベンサムのパノプティコンを研究したのだ。

パノプティコンの建物そのものが存在しなくても、私たちが生きている社会はパノプティコンのように構造されている。パノプティコンは完璧な比喩である。幾世代を経た現在、個々の人生は細かく管理されるようになった。誕生してから死ぬまでに全ての個人変化は監視され、記録されている。人の健康状態、教育業績、経歴、犯罪歴はデータ化され、保管される。そのため、監視社会は独自の文化をつくる。

たとえば、入試（生徒の監視）と学校ランキング（教員の監視）を欠かせない日本の教育制度はパノプティコンに基づいていると言えるだろう。職場ではフィットネス・トラッカーによって社員の健康管理などが行われる。知らないうちに監視社会の思想が実践されているのだ。これらは会社にとって、生産性向上というメリットがある。

一方で、監視社会は責任者（謝罪する人）ばかり考え、根本的な問題の解決策を見落としてしまう。無論、常時見られている感覚はストレスの原因となる。しかし、内面化されたパノプティコンによって、私たちは誰かに見られないと落ち着かない、自分の監視を委ねてしまう心理に陥る。

＊1　イギリスの小説家（1903～1950）。ノルウェー・ブック・クラブが2020年に選出した『世界最高の文学100』の　1つが後出の作品。ちなみに日本からは紫式部と川端康成の2名が選ばれた。46歳で死去

＊2　ヌーヴェルヴァーグを代表するフランスの映画監督（1932～1984）

フーコーの監視論には誤解がつきまとう。まず、一般的に監視社会の例としてジョージ・オーウェル[*1]の『一九八四年』を取り上げる傾向がある。小説のキャッチコピー「ビッグ・ブラザーがあなたを見守っている « Big Brother is watching you »」は監視社会そのものを表象しているように見える。

しかし、**オーウェルの作品は独裁社会を描写しており、フーコーの監視社会は民主主義社会にも存在している。**むしろ、増加中の人口をコントロールするために、暴力に頼れない民主主義社会こそ監視の技術を利用しているのだ。フーコーの思想に近い芸術作は、フランスの戦後教育制度と少年鑑別所を描写するフランソワ・トリュフォー監督[*2]の『大人は判ってくれない』だと言えるだろう。

フーコーもネット時代を予想できなかったことは事実だ。だが、SNSやテレワークなどの現象の真相を見抜こうとするなら、フーコーの監視論がヒントとなる。ネットの力で今までよりも民衆が政治家や権力者を批判し、SNSにおける批判で政治家を辞任させた例もある。これらは、一種の逆パノプティコンと言えるだろう。

2 解体の視点

2・6

ソシュールの視点 恣意性

なぜ境界問題は難しいのか？

「ものごとは結局、記号の恣意性という根本的な原理にたどり着く。差異によってしか、記号に機能を与えること、価値を与えることはできない」

（『ソシュール 一般言語学講義 コンスタンタンのノート』東京大学出版会177頁）

―1・2―で、ソシュールの視点の一つ、「価値」を紹介した。「価値」には優劣はなく、ただ意味の厚みがあるだけだ、どの価値観にも意味はあるが、ただ厚みが違う、その厚みは、隣り合う価値観の関係によって決定する、と。

ここで疑問が生まれる。隣り合うもの同士の境目は、どのように画定されたのだろうか？

ソシュールはこれに「恣意性」と答える。「恣意性」とはあまり馴染みのない用語だ。フランス語の«arbitraire»を訳したもので、辞書には「自由意志による」や「勝手気ままな」などの意味が記されている。だが、ソシュールはこの言葉を、このどちらの意味にも使っていない。そこで、誤解を避けるために少々難解な「恣意性」という言葉が選ばれた。ソシュールが解明する「**恣意性**」**とは、**「**非自然的で無動機である**」ということだ。

国境を例にとろう。当然だが、自然に「境目」などない。地球は丸く、土地も海も、空と同じようにどこまでも続いている。だが、土地や海には国境がある。これは人為的な都合だ。もし国境がなければ、そもそも自然には備わっていない「国」というものの実定もできない。そして、自然の中に国境の正当な理由などないのだ。

このように、非自然的で非正当であることを、「恣意性」は意味している。

もう一つ、「虹は何色だろうか?」。これも好例だ。「黄・黄緑・緑」まで区別する文化もあれば、なんと、「赤と黒」の二色だけと答える文化まである。虹それ自体はそもそも七色で構成されているのではない。たまたま、それぞれの文化が、それぞれの見方で虹の色に境界をつくったのだ。これと同じような原理が、言語の世界にもある。

2 解体の視点

言語誕生以前の世界、そんな世界を想像したことがあるだろうか？　言語化できない世界は、ある意味、混沌としたものだろう。見るべきものがない世界。あるいは、はっきりと「これ」と見定めることができない世界。ではどのようにすれば、世界は分明なものになるだろうか？　それが、« découpage »（デクパージュ）だ。

このフランス語には、**「切り取り」という意味と、「背景から浮かび上がらせる」という意味がある。カオティックな世界に「切れ目」を入れる。それは見るべきものを明確化していく作業だ。**こうして、様々な項が必要に応じて生まれ、名付けられていく。もちろん「切り取り」作業によって浮かび上がった項は、様々な項と隣接し合う。こうして生まれるのが「価値」だ。このような作業によって言語は誕生する。

ということは、**「実定的に与えられた概念などどこにもないし、概念と別個に決まった聴覚記号もない。差異が互いに依存し合うおかげで、［中略］一見、実定的な項に似たものを得ている」**（『一般言語学講義　コンスタンタンのノート』177頁）と結論付けられる。

国境と同様に、この境目を入れる作業は、全く「恣意的」なものだ。雪国には様々な雪の名称があるが、そもそも雪が降らない国では、「雪」一語で十分。「恣意的な切り取り」は、野に咲いている花々を切り取り、学問的な分析をして名付けていく作業に似ている。ただ咲いているだけの花は、人間にとってカオス同然。名前を与えることで秩序化され、花は意味を持つ。だがこれは、非自然的な作業だ。名があろうがなかろうが、当の花は何も変わらない。変わるのは、私たちの世界観だ。「なぜ、コスモスじゃなければならないのか」、これを説明する正当な理由はない。

「恣意性」、この言葉につきまとう誤解は、先に述べた通りだ。「好き勝手に」と理解してしまうと、悲劇的な結末に繋がる。言語の「切れ目」を個人的な野心に任せてしまうと、言語の世界は崩壊してしまう。ソシュールは、「恣意性」について注意を促している。

> 「どのような記号も、それが表す概念との関係は恣意的で、自由に選択されたかのようであり、他のもので置き換えることができる。けれども、記号を用いる人間社会では、記号は自由に選べるわけではなく強要されるもので、他のもので置き換えることはできない」
>
> （『一般言語学講義　コンスタンタンのノート』120頁）

原理的には恣意的なものであっても、すでにできているシステムがある以上は、各項目は必然的なものとして押し付けられる。確かに言語は変化する。古語の「かはゆし」は現代語の「かわいい」とは異なる意味の厚みを持っている。だがこの変化は歴史的な時間を要す。**言語を習得することは、すなわち、一つの世界観を強いられることだ。つまり、「恣意的」とは、同時に「社会的」でもあり、また「必然的」でもあるのだ。**

2・7 ドゥルーズの視点 差異

みんなちがってみんないいのか、ダメなのか？

「差異を生ずるものは、他のものとの間に差異を生ずるのではなく、それ自らとの間に差異を生ずる」

（『差異について』青土社 41頁）

「みんなちがって、みんないい」。金子みすゞの詩「わたしと小鳥とすずと」は、こう結ばれる。SDGsの時代、多様な個性や価値が認められるようになるだろう。一方で、『みんなちがって、みんなダメ』（中田考著 ベストセラーズ）という面白い書籍が売れている。多様性の承認要請も、度を超えると多くの人を迷子にさせるだろう。「みんなちがって、みんないい、のかダメなのか？」、ドゥルーズの「差異」の視点から検討してみよう。

＊1　フランスの小説家（1871～1922）。『失われた時を求めて』がマスター・ピース
＊2　19世紀のイギリスの数学者で作家。『不思議の国のアリス』の著者として知られる
＊3　フランスの精神分析家（1930～1992）

ジル・ドゥルーズは、フーコー、デリダと共に二十世紀を代表する哲学者だ。彼の作品は、大きく三つのジャンルに分かれる。『ニーチェと哲学』や『ベルクソンの哲学』などの、いわゆる哲学史的な研究。無論、単なる研究に止まらず、換骨奪胎《かんこつだったい》され、ドゥルーズ自身の哲学へと昇華している。次に、マルセル・プルースト[*1]やルイス・キャロル[*2]らを素材にした文学・芸術論。最後に、『アンチ・オイディプス』や『千のプラトー』に代表されるフェリックス・ガタリ[*3]との共著作品だ。

「**常に新たな概念を創造すること、それこそが哲学の目的である。**［**中略**］**自分の諸概念を創造しなかったと言われても仕方のない哲学者に、一体どのような価値があるだろうか**」（『哲学とは何か』河出文庫13―14頁）の宣言通り、ドゥルーズは終生、概念を創造し続けた。

「差異」の視点は、ベルクソンから引き継いだものだ。ベルクソンにも様々な特殊概念があるが、その中から、ドゥルーズは「持続」を手掛かりとし、「差異」を究明していく。「ある同一の状態が続くこと」が「持続」の辞書的な意味。だが、この「同一性」に彼らは異議を唱える。

「持続とは、自己に対して差異を生ずるものである。物質とは、これと反対に、自己に対して差異を生ぜず、繰り返されるものである」（『差異について』40頁）

「物質」「空間」に対置させられるのが「持続」「時間」である。「空間」なる概念について留意す

2 解体の視点

べき点がある。それは、「空間」の本性が等質であるということだ。たとえば時計。円が十二に等分割されている。これが空間化だ。スケジュール帳のように、一日を均等に縦割りに区切ることも、「時間」の空間化だ。

一方、本来の「時間」には等質性はない。量として測れず、一瞬一瞬が質的に異なる、これが「時間」なのだ。そして「差異」は、「持続」「時間」の側に配置される。同じ波が二度と来ないように、同じ時間が繰り返されることはない。だが、しばしば私たちは、「同一性」を優先し、「同一性」を前提として「差異」を理解してしまう。本来は逆だ。**無数の「差異」があり、その間に、たまたま「同一」なものが生まれるだけだ。**

「同一性は最初のものではないということ、同一性は二次的な原理として存在するということ、要するに同一性は〈異なるもの〉の周りを回っているということが、差異にそれ本来の概念の可能性を開く」

（『差異と反復（上）』河出文庫121頁）

「差異」には二種類ある。内的差異と外的差異だ。外的差異として、程度差や種差が挙げられる。これらは、均等に分割された「同一性」を基準にしている。日常でも、SDGsで掲げられた性や教育などの「格差」でも、私たちが目にする「差異」はこちらのものだ。だが、可視化された差異のみ考察しても、上っ面をこねくり回すことになる。不可視の差異に注目しなければならな

い。**「同一性への差異の従属と、相似への差異の従属とは、同じ一つの運動の中で覆されなければならない」**（『差異と反復（下）』河出書房121頁）のである。

そこで、内的差異が要請される。**「持続とは差異化のことである」**とドゥルーズは定義する。これを「過去」「現在」「未来」で説明してみよう。「現在」は現にあると同時に過ぎ去るものだ。だから「現在」は過去未来を分かつ線でしかない。「過去」は、そんな「現在」を「ポテンシャル」として記憶する。そして「未来」は、「過去」自身が「差異化」されることによって生み出される。

ここでドゥルーズは、「可能なもの」と「ポテンシャル」の混同への注意を促す。「可能なもの」は、すでに出来事として成立したものであり、その事実から翻って、あたかも以前から存在しているように捏造されたものである。だから計算が成り立つ。一方、ポテンシャルは未規定だ。**不確定なものを自身に取り込み自身に対して差異をもたらすことで、自身を分化させていく、これがポテンシャルの力能だ。**その発動は決して予測されるものではなく、偶然の出来事なのだ。

「みんなちがって、みんないい」のか「みんなちがって、みんなダメ」なのか？**「差異は、人間と共に、また人間と共にだけ意識的なものとなり、自己意識にまで高まる」**（『差異について』62頁）。すると、この問題は、「私たちの未来を、アイデンティティ（同一性）かポテンシャルのどちらに懸けるか？」に帰着するだろう。

2 解体の視点

2·8 レヴィナスの視点 他者の顔

顔なしはコミュニケーションできるのか？

「〈他者〉は、私が殺すことを欲しうるただ一つの存在なのだ」
（『全体性と無限（下）』岩波文庫40頁）

他人を演じる最短最良の策と言えば？　「仮面」だろう。顔を変えてしまえばいいのだ。だが、はたして、私たちは他人の顔を生きることができるだろうか？　安部公房の『他人の顔』がこのテーマに挑んでいる。事故で顔に深い傷を負った〈ぼく〉。普通の生活をするには、仮面を被る道しか残されていない。そして「他人の顔」は想像以上にうまく生活をさせてしまう。が、最終的には、他人と自分の区別ができなくなる。もし〈ぼく〉が、レヴィナスの「他者の顔」の視点を持っていたら、結末は変わっただろう。

エマニュエル・レヴィナスは特別非凡な哲学者だ。その哲学は、彼の非常な体験を抜きにしては成り立たない。生誕地は、ロシア帝国領だったリトアニア。この地には多くのユダヤ人が居住しており、レヴィナスもその一人だ。リトアニアの独立後、レヴィナスはフランスのストラスブール大学に進学する。ロシア語もドイツ語も堪能だった彼は、第二次世界大戦では、フランス軍の通訳になっていた。そして捕虜に。ユダヤ人ではあるものの、彼はフランス軍の兵士。戦争捕虜の保護は義務付けられている。レヴィナスは生存者として大戦終了を迎えた。しかし、リトアニアにいた彼の父母と二人の弟は、ホロコーストの犠牲となってしまっていた。

「イリヤ」というレヴィナス哲学の主要概念がある。フランス語で《il y a》。英語の《there is》《there are》と同様に、「〜がある」を意味する。文法的には、《il y a》は非人称構文と言われる用法。人称がない。つまり「イリヤ」とは、**「非人称」が「ある」**状態のこと。これは、ユダヤ人であるレヴィナスの体験から滲み出た言葉だ。自分に大事な一切のものがなくなっても、世界は何事もなかったかのように在り続ける。この冷厳な事実を、ホロコーストは痛感させたのだ。

「個々の対象の全てが不在であってもなお、この空虚それ自体はある（イリヤ）。［中略］このある（イリヤ）は、全ての否定の裏面をかいくぐって、［中略］一指も触れられずに回帰してくる」

（『全体性と無限（下）』22頁）

---

2 解体の視点

「イリヤ」とは、「私が生きる根拠」に巣くう絶望的な空虚であり、無限に続く沈黙の闇なのだ。「イリヤ」から私たちは逃げることも否定することもできない。「イリヤ」に対して「自己」は無力だ。それでも「なぜ、私たちは生きるのか?」。その鍵となるのが「他者の顔」だ。

「表出という形で自らを押し通す存在(他者の顔)は、私の自由を制限するのではなく、増進させる。私のうちに善さを生み出すことで、私の自由を増進させるのである。[中略]その結果、存在の容赦ない重みから私の自由が浮かび上がることになる」

(『全体性と無限(下)』44—45頁)

私たちは、目前の「他者の顔」から何を読み取るだろうか。顔は様々な表情をする。喜びや悲しみや楽しみなど。これらの表情は、また様々なメッセージにもなる。「一緒に遊ぼう」「近づかないで」「助けて」など。そして、これら全ての根源にある一つのメッセージがある、とレヴィナスは見抜いている。「私を殺してはならない」だ。換言すれば「私を生かせ」。そして、このメッセージがそのまま、「なぜ、私たちは生きるのか?」への答えとなるだろう。目前の他者にとっての「他者の顔」は、「私の顔」なのだ。「他者は私が殺すことを欲しうるただ一つの存在」であるが、「他者の顔」がそれに抵抗する。殺しうるのに殺さない。これが生存の根拠となる。

「〈他者〉の〈抵抗〉は私に暴力を加えるものではなく、否定的に作用するものでもない。〈他者〉の〈抵抗〉には［中略］倫理という積極的な構造がある」

（『全体性と無限（下）』37頁）

「殺してはならない」という「他者の顔」からのメッセージを排除してしまうのは、「私」自身のメッセージまで無化してしまうことになる。「私を生かせ」という他者からのメッセージを受け取るのも「私」ならば、「私を生かせ」と他者へ発信するのも「私」なのだ。「顔」を介して初めて、「イリヤ」の絶対的孤独から抜け出せる。

私たちが殺しうる身近な他者として、何を思い浮かべるだろうか。「子供たち」はどうだろう？「ぼくたち（私たち）を生かせ」という子供たちの顔には、私たちの生きる根拠がある。レヴィナスの他者論は、「自己」だけでなく「未来」も救う思想なのだ。

原書では、レヴィナスは「他者」を使い分けている。「他者（大文字で始まる«l'Autre»）」と「他人（大文字で始まる«Autrui»）」と「他人（小文字で始まる«autrui»）」らが代表だ。「他人」が具体的・個別的な誰かを指すのに対し、「他者«l'Autre»」は了解不可能なあらゆるものを指す。レヴィナスの他者論を深めたいという向きには、『全体性と無限』の翻訳が講談社学術文庫から出版されている。そして、レヴィナスには、『実存から実存者へ』や『存在の彼方へ』など、まだまだ多くの著作がある。

2 解体の視点

COLUMN

ヘーゲルが見た未来

歴史と自由

哲学史を語る上で「不可欠な哲学者」は誰だろうか。五人に絞ってみよう。古代はソクラテス、近世はデカルト。近代では、カントとヘーゲル。あとはニーチェだろうか。読者として若者を想定すれば、サルトルも加えたい。そんなヘーゲルが見た未来は、「歴史と自由」によって導かれる。

日本史や世界史が苦手な高校生は珍しくないだろう。年表や人物の暗記ばかりで、日々直面している問題とは無縁に感じる用語の数々。高校の先生は、「過去の失敗をすぐ忘れてしまい、教訓にできない人は、必ず同じ失敗を繰り返す運命にある」と説得を試みるが、効果はいかほどだろう。歴史の勉強の本当の目的は何だろうか？　ヘーゲルは、歴史の勉強をすることは本当の自由を知る方法だと見抜いた。

「哲学の目標は普遍性の真実を探ることだ」、こんな先入観を持つ人は少なくないだろう。

「存在や人間性とは何か？」

「なぜ人間が生まれるのか？」

「なぜ死ぬのか？」

「善と悪を客観的に区別する方法はあるのか？」

「本当の現実を知る方法があるのか？」


これらの真実を追求するために、歴史や文化や社会の分析は不要かもしれない。なぜなら、合理的に説明できない歴史や社会変化は、真実から遠ざかる恐れがあるからだ。しかしヘーゲルは、先行する哲学者イマヌエル・カントと異なり、**人間と世界の関係は時代によって変化する**と考えていた。そして、これこそ「自由」への鍵になると確信していたのだ。自由であるには、今までの社会構成を考察し、それぞれの失敗から学ばなければならないのだ。

「世界史とは自由の意識が前進していく過程であり、わたしたちはその過程の必然性を認識しなければなりません」

（『歴史哲学講義（上）』岩波書店 41頁）

2 解体の視点

ヘーゲルは考察の手法として、教科書に登場するような文明を「自由」の視点で再考した。たとえば、古代ギリシャの民主主義。これは当時、多くの人に評価されていたが、奴隷制度なしで社会として成り立たなかった社会は、本当の意味で自由ではなかったと言えるだろう。ローマ帝国も、市民の「自由」を認めていた。しかしそれも表面的で、実際にはかなり制限されており、奴隷制度も問題も相変わらず残っていた。フランス革命では、全ての市民の「自由」を訴えたが、啓蒙思想を妥協せずに社会の中へ全て放り込もうとしたことで、恐怖政治に至った。最終的にヘーゲルは、プロイセン王国を最も優れた社会と見なす。そこは、「自由」を実現できる理想の環境に見えたのだ。そして、この国をもって歴史が終わると考察した。

だが、本当にプロイセン王国は理想なのか？　そして、プロイセン王国は本当に歴史の終わりと言えるのか？

現代の民主主義社会は、相変わらず未完成であるが、プロイセン王国よりも私たちに「自由」を与えてくれるだろう。それどころか、プロイセン王国には男尊女卑が根強く残っていた。この事実を考えるだけで、ヘーゲルの結論を簡単に否定できる。また彼は、インドや中国をそれ以上進化できない社会として分析する、当時では典型的なオリエンタリズムに属し

＊　フランスの作家サン=テグジュペリの代表作

っていた。ヘーゲルは愛国心に目がくらんでいたとも言えるだろう。彼は一八三一年に亡くなっている。人間の残虐性を証明した世界大戦を経験せず、歴史の失敗の積み重ねも知らない。

しかし、プロイセン王国への賛美を除けば、『精神現象学』での彼の視点は正しいと認めざるをえないだろう。歴史の中でも、日常でも、人々の衝突は、意識が自分と世界を理解するために必要不可欠なものであるとヘーゲルは指摘する。

人（意識）は、世界と自分を理解するために他者（別の意識）が必要だ。たとえば、二十世紀の文学名作『星の王子さま』*。この主人公は、無人の惑星に生まれた。だからこそ、自分を理解するため、他者（別の意識）に出会う旅に出た。他者は自分（意識）を見る鏡となっている。

確かに、二つの意識が出会えば、お互いにぶつかり合うこともあるだろう。私は主体であっても、私から見たら相手はまず自分を理解するための客体であるし、相手にとっては、私は相手の客体なのだ。ここから世界の本当の理解が始まる。

「人類の本性とは、他のひとびとと一致することをどこまでも求めるものであって、この本性が現実に存在するのはただ、意識の間の共同性がもたらされる場合にかぎられるからである」

（『精神現象学』120―121頁）

2 解体の視点

個人でも社会でも、意識の解放感は他者との衝突によって生まれる。さらにそこから平等な関係が生まれるだろう。こうして、本当の自由は理解されるのだ。古代ギリシャの奴隷制度のように、他者と不平等な関係が成立してしまうと、意識は主体と出会えない。そして、不完全な人間関係と不完全な社会制度が誕生してしまうのだ。

ヘーゲルの目には、プロイセン王国について若干の見誤りがあったが、自己意識、歴史の流れ、他者との関係に関する洞察は、現代でも十分に通用する。彼にとって、哲学は時代精神から切り離せないものだったのだ。

現在、ヘーゲルを読んでいる人はどれほどいるだろうか。しかし近年、ヘーゲルは再び注目されている。これからの時代はテクノロジーによって、人間の定義、他者との関係が変化すると予想される。たとえば、イーロン・マスク*のニューラリンク社では、ブレイン・マシン・インターフェイスを脳に移植する方法を研究している。実現したのなら、現実と他者との関係が大きく変わり、自分の意識の存在まで疑う可能性が出てくる。そのときこそ、ヘーゲルの本格的ルネッサンスが起こるかもしれない。

* アメリカの実業家。宇宙開発企業スペースXや電気自動車テスラ等の創業者・CEO

探求の視点 3

問題は絞れている。
しかしその問題が抱える真相を
捉えられていない。根本的な問題へ
アクセスし、その問題を自己化し、
仲間と共有するのに役立つ視点。

3・1

カミュの視点

反抗

なぜ権威は胡散臭いのか？

「不条理の経験のなかにあって、私に与えられた最初の、唯一の明証は反抗である。［中略］反抗は不当な、理解しえない条件を前にして、不条理の光景から生じる。［中略］反抗の関心は変形させることにある。変形させることは、行動することだ」

（『反抗的人間（カミュ全集）』新潮社15頁）

どう考えても間違っていることがまかり通っている。でも誰もが気づかないふりをしている。それを修正しようすれば、絶対的権力が立ちはだかる。権力とは、人物でもありうるし、不文律だったりする。こんなときこそ、「反抗せよ」と言ったのがカミュである。

フランスにとって第二次世界大戦のクライマックスは、ナチス・ドイツによるフランスの占領開始からパリ解放に至る四年間になるだろう。ここでは、国ではなく人間に視点を移そう。ナチスという圧倒的な暴力に対して、フランスでは二つのスタンスができる。コラボラシオンとレジスタンスだ。コラボラシオンは、フランス語《collaborer》が意味するように、ナチスに協力する一群。ココ・シャネルもその一人だ。一方のレジスタンスは、《résister》が意味するように、ナチスに対してあくまで抵抗する一群だ。カミュもレジスタンスの一人だった。

コラボラシオンか、あるいは命懸けの抵抗か。これは簡単な問題ではない。なぜなら、三番目のスタンスが存在するからだ。それは抵抗も協力もしなかった人たちだ。残念ながら、カミュがいた状況下でも、このスタンスが大勢を占めていた。理由は様々だろうが、「事なかれ主義」は危機的状況においても多くの人間を支配するようだ。そしてパリ解放を迎え、コラボラトゥール（協力者たち）は暴行され、あるいは殺害された。

さて、誰がこんなリンチをしたのだろうか？　積極的なレジスタンスは人口の三パーセントにも至らなかった。ということは、この「誰が？」は容易に推測できるだろう。

カミュは一人の「レジスタンス」として、人間の非道に抵抗し続けた。カミュは最も残虐な罪を犯したナチ協力者に対してのみ、**「容赦はしないが、憎みもしない」**裁き方を要求した。これが、

3　探求の視点

カミュが伝授する「反抗」の視点だ。「反抗」とは、確かにリスキーだ。誤解も生みやすいだろう。だが、ここで伝える反抗の視点は、アウトローをウリにするものではない。反抗は生まれや境遇に左右されるものではない。誰にでも許されている。

カミュの著名な小説『ペスト』を参照しよう。この小説で、反抗する者として世界に関わったのが主人公のリゥーや盟友タルーだ。他にも、下級役人のグランがいる。彼らは大げさな改革などを目指さない。「ただできること」をした。一方、権威の代表であるリシャールたちは、自らの立場を理由に、行動を起こさなかった。「反抗は不条理の光景から生じる。反抗の関心は変形させることにある。変形させることは行動することだ」とカミュは私たちの背中を押す。

不条理を免れる者はいない。しかし誰にも行動は許されているのだ。破壊をしなくていい、ただ変形させればいい。

カミュ流反抗は、一般的な反抗とは一線を画す。ジェームス・ディーン*の『理由なき反抗』。この映画の主人公ジムは、自分のエネルギーを持て余す「不良」と呼ばれる反抗者だ。カミュの反抗は、「不良たち」と重なるところもあれば、全く違うところもある。権威の拒絶や上司や先生への不敬は共通するところだろう。だがカミュの反抗は、私憤ではなく公憤から発する。反抗は「逃避」と批判されることもあろうが、カミュの反抗はその真逆だ。「**世界の不条理から目を背け**

* アメリカの伝説的俳優。『エデンの東』で主役を演じ、アカデミー賞主演男優賞にノミネートされ名声を得る。しかし、1955年自動車事故により24歳で夭折

ない」ことが、反抗の視点になる。不条理への憤りは私たちに反抗を促す。

「不条理とは、本来矛盾である」とカミュは言う。**権威に囚われると、私たちは権威の視点でしか世界を見られなくなってしまう。矛盾を固守する囚人になってしまう。だから反抗するのだ。**

そして反抗の視点の持ち主たちは、必ず盟友になる。「我反抗す、故に我ら在り」なのだ。

3 探求の視点

3・2 フーコーの視点 エピステーメー

アイディアはどこから生まれるのか？

「科学分野の間やさまざまな科学領域における言説の間の全関連現象が、ある時代の〈エピステーメー〉と呼ぶものを構築する」

（『文化の諸問題　フーコー・プリティの討論』）

情報を足で伝えるしか手段がなかった時代に、「一秒後には情報が世界中に伝達される」などとほざいたら、頭がどうかしてしまったと見なされただろう。私たちの思考力も知力も、さほど自由ではない。それらは時代の「エピステーメー」に支配されている、と見抜いたのがフーコーだ。

「エピステーメー」とは時代が規定する知の枠組みのことだ。一例を挙げよう。テスラCEOのイーロン・マスクがインタビューで、「私たちはコンピューター・シミュレーションの中で生き

＊1　オックスフォード大学教授のニック・ボストロムのシミュレーション仮説も、マスクは参考にしていただろう

＊2　20世紀のアメリカを代表する哲学者、科学者

ている可能性が非常に高い」と答えた。テクノロジーの発展によって、遠からず、一人一人の日常生活をコンピューターの中で完全に再現できるようになる。それは、私たちはコンピューターの中に生きることを意味する。これは驚くべき発言だ。まず、発言の主が世界の一流企業のCEOであること。そして、映画『マトリックス』のような世界が現実に起こりうるとしたこと。さらに、この発言に対し、誰も頭がおかしいと思わなかったことだ。もし五十年前に、大企業の社長が同じことを言ったら、辞任を強いられ、場合によっては強制入院させられたかもしれない。[*1]

私たちは、何の束縛もなく、物事を見て、物事を知り、物事を想像できるだろうか？「自由な想像」という決めフレーズがあるが、本当にそうだろうか？　フーコーは、時代や文化によって私たちの考え方や想像力が制限されていることを看破した。新技術の発明、SF文学は、現実の本質を再考するための新しい方法にもなる。百年前なら、イーロン・マスクはあの発言によって、「精神障害だ」と決めつけられてしまっただろう。しかし、今や誰もが「なるほど！」とうなずいてしまう。**「エピステーメー」から世界を見ることは、「時代と知」の関わり、そして「時代と知」に束縛された問題を見抜くことだ。**

フーコーのエピステーメーの紹介では、必ずトーマス・クーン[*2]の「パラダイム・シフト」と比較される。現在、ビジネス業界を含めて様々な分野で引用されているクーンの理論は本来、科学変化のメカニズムを理解するのみのものであった。クーンもフーコーも、知識が合理的に、ある一つの目標に達するための常識を再考した。クーンは、知識はある時代のパラダイムの中でしか考えられない、と主張した。しかし、フーコーの慧眼は科学を超えていく。フーコーは、時代と知識、時代と思想の関係から、新しい考え方がなぜ受け入れられ、あるいは批判されるかを分析した。

「エピステーメー」は人文社会系の研究でも、頻繁に引用される。時代と共に変化する「人間」の概念、たとえばＬＧＢＴＱ*コミュニティーに対する差別を理解するためにも、「エピステーメー」は重要なツールとなる。

フーコーのエピステーメーで得られる二つの大事な視点がある。**「時代と知」**だ。まず、時代。歴史は知識や発明を積み重ねるプロセスではない。次に、知。学問は学際的、横断的に行ったほうがよい。文化、人文のジャンルに属すＳＦ小説なども、「エピステーメー」の重要な要素だ。無論、サブカルチャーも。生物学、医学の領域に関わるクローニングや人工冷凍の技術。経済に関わる新しい通貨も、一要素だ。これらの要素が時代の「エピステーメー」を構成する。**「時代と知」を観察することは、問題解決のベースを獲得することになる。**

私たちに突きつけられた最大課題の一つは、「新しい時代の人間とは？」だろう。時代と社会環

* 最近加えられたQは性自認がはっきりしない状態の人を指す

境で人間に対する考え方は変化する。したがって、「人間の定義」も流動的だ。むしろ、人間は存在しない時代もあったのだ。**「人間」は、実は近代になってから登場したものだ。**それは時代に規定される知の枠組みである「エピステーメー」の歴史的変容に変化する。もしかしたら、これからの時代には、人間が消える可能性もある。続きは━6・3　人間━にて。

3 探求の視点

3・3

サルトルの視点

状況

非常事態に先手は打てないのか？

「人間はその状況によって全的に条件づけられている」

（『シチュアシオンII「レ・タン・モデルヌ創刊の辞」』人文書院19頁）

二〇二〇年から始まったコロナ禍は、私たちの生活を一変させた。これまでの慣習や規則が全く通用しなくなり、社会体制まで変容を強いられた。そして、どの国の経済も大きなダメージを負った。なぜ、世界中にごまんといるはずの専門家たちは、終息までのプロセスを予見し、先手を打つことができなかったのか？　なぜコロナ禍はこれほどまで厄介だったのだろうか。サルトルが提示する「状況」の視点から、非常事態を解剖してみよう。

「状況」はフランス語で«situation»。英語も同じ綴り。そのまま「シチュエーション」で日本語として十分通用するだろう。当のサルトルの「状況」はどのようなものだったろうか。

一九〇五年生誕、一九八〇年逝去のサルトル。ということは、彼は一九四五年を経験している。言うまでもなく、これは終戦の年だ。第二次世界大戦を彼は生きて乗り越えた。民間人としてではなく、兵士として戦地にいた。いや戦地にいたどころではなく、ドイツ軍の収容所にもいたのだ。

そして一九四五年。彼の名を世界中に知らしめる出来事があった。この年の十月、サルトルはパリのクラブ・マントナンで、講演「実存主義はヒューマニズムである」を行った。会場には入りきれない人々が押しかけたそうで、翌日の新聞は、この講演会を大々的に報じていた。

確かに、日本と違ってフランスは戦勝国だった。しかし、フランスの一部は直前までナチス・ドイツに占領されていた。そんなナチスによるユダヤ人虐殺の事実が、白日の下に晒されるようになっていた。加えて、アメリカによる原爆投下の報告。

「人間とはこれほどまでに残虐になれるのか?」という戦慄。「人類は、自らの手で自らを絶滅させてしまうかもしれない」という恐怖。そして、「これからの時代はどうなってしまうのだろう?」という不安。同年同月、サルトルは『レ・タン・モデルヌ』という雑誌を創刊する。

3 探求の視点

「私たちの意図は、私たちを取り巻く社会にある種の変化をもたらすために協力することである。［中略］私たちの雑誌は一々の場合に応じて立場を明らかにする。政治的にそうするのではない。［中略］主張がよって立つところの人間観を浮き彫りにすることに努力する」

（『レ・タン・モデルヌ』創刊の辞12頁）

「状況」の視点は、「社会に変化をもたらす」ための条件だ。「人間はその状況によって全的に条件づけられている」は、別の言い方をすれば「私たちは常に、すでに、状況に巻き込まれている」となる。実存の哲学では、**「常にすでに巻き込まれている」**がキータームとなる。「巻き込まれる」をフランス語訳すると《engagé》、「アンガジェ」になる。動詞《engager》の過去分詞であり、これが名詞になると《engagement》**「アンガジュマン」**になる。この有名な用語は「政治参加」を意味することが多いが、そもそもは、**「自らを巻き込むこと」**だ。

「状況」なるものは、「アンガジュマン」とセットで捉えなければならない。面白いエピソードがある。第二次大戦が勃発、サルトルは兵士として召集される。まさに不意打ち、戦争に完全に巻き込まれてしまった状態だ。戦地でこの状況にずいぶん戸惑ったようだ。しかし、奇跡的な思考の転換を成し遂げる。「戦争とは私である」と宣言することで、戦争という状況に自らを巻き込んでいこうとしたのだ。いささか強引なやり口かもしれないが、重要なことがある。

状況に巻き込まれることから誰も逃れることはできない。だが、自発的に自らを状況に巻き込んでしまえば、状況を変える役割を獲得できるのだ。

「状況」を見極めればこそ、状況を変化させられる「アンガジュマン」が可能となる。コロナ禍のただ中で、人はその終わりを予測できるだろうか？　どのような事態が各地で発生しているか確認できるだろうか？　その世界的惨禍の状況を把握している人物はいるだろうか？　「不鮮明な状況」、だから全ての対策が遅れに失してしまうのだ。では、私たちに与えられた選択肢は？

「各々の状況は、いたるところ壁だらけだ。選択すべき出口はない。出口は発明されるのだ。そして各人は、各人固有の出口を発明しつつ、自分自身を発明するのだ」（『文学とは何か』人文書院276頁）

この発言の急所は、「各人固有の出口を発明する」だ。私たちが巻き込まれたコロナ禍にピッタリ当てはまるだろう。これまで通れた出口（解決策・対処法）は塞がってしまっている。だからこそ、その状況に自らを巻き込み、他人任せにせず、各々で出口を発明しなければならない。サルトルは無理難題を押し付け、私たちに意地悪しているのだろうか？　否、これは人間の「自由」に関わる、誰にでも可能なミッションだ。―5・2　投企―に続く。

3　探求の視点

3・4 ハイデッガーの視点 ダーザイン

なぜこんな世界に生きているのか？

「私たちが語るすべてのもの、私たちが考えるすべてのもの、私たちがさまざまな態度でかかわるすべてのものが、存在者である。そして私たち自身が存在しているという事実とそのように存在していることのうちにも、存在はある。あるものは現実的なものであることとして存在し、眼前に存在するものとして存在し、存立するものとして、妥当するものとして、現にそこに存在するもの（ダーザイン）として存在している」

（『存在と時間（1）』光文社36―37頁）

初めて死を意識したのはいつだろうか？　知人に聞いてみると「小学生のとき」がいちばん多かった。自分が死ぬことに気づき、一晩眠れなかったようだ。遺書を書いた人もいる。なぜ人は死を意識してしまうのだろうか?「太陽と死は直視することはできない」とは、フランスの思想家ラ・ロシュフコーの箴言だ。だが、死を意識できるのは人間だけだという事実もある。

« I, a stranger and afraid In a world I never made. »

「私は異邦人。そして恐れている。私は自分が創っていない世界にいる」

イギリスの詩人アルフレッド・エドワード・ハウスマンは、『最後の詩集』で生きている違和感、世界との乖離をこのように表現している。人間は他の動物と異なり、時間の流れを意識する。何よりも、自分の死まで想像できる。家族、友達、恋人を、今この瞬間に、全てを失ってしまうかもしれない、この宇宙が消滅するかもしれない、と想像したりする。この世の非永続性をわかっているからこそ、他の生物が感じられない悩みに日々直面している。ハウスマンの表現通り、私たちは世界にとって異邦人なのかもしれない。

この違和感を解消するために、神話や宗教が作られた。聖書にあるアダムの堕罪も仏教の輪廻転生も、「なぜ私たちは存在するのか?」に答える物語でもある。死という結末に、見て見ぬ振りもできる。夢中になることを見つけ、脳に考える時間さえ与えなければいい。しかし、私たちにはこんな消極的な解決方法しかないのか? 人間は本当に不自然な異物なのか?

この問題を考えるためにハイデッガーの視点は必要不可欠である。

3 探求の視点

近代化と産業革命による都市化で、人々は死の経験から遠ざかった。食料となる動物たちは調理されて届けられる。家族の死の現場はどこか遠くの病院。近代の人間は、死と無縁になり、死を忘れようとした。同時に、ニーチェをはじめ多くの哲学者は、経験できない「死」よりも「生」を考察することに力を入れた。しかし、近代化の社会は楽園ではない。天災、パンデミック、それから数え切れないほどの犠牲者を残した二つの世界大戦。ハイデッガーはこの残虐な出来事を全て経験した。本物の哲学は、私たちに「死」と「存在」の意味を考えさせなければならない。

ハイデッガーの哲学概念と言えば、誰もが「ダーザイン」を取り上げる。ドイツ語から直訳すると«da»（ここ）と«sein»（いる）。だが、「ここにいる」では、本来の意味を捉え損ねる。ダーザインは「存在」と「人間的実存」を考えるための言葉だ。ハイデッガーは「存在」を理解できなかった哲学者を批判する。彼はデカルトの「我思う、故に我在り」を批判しながら、存在についての哲学を再構築した。デカルトのように、**人間の存在を世界や日常生活から切り離した形而上学的視点から、外から考えてはダメだ、世界の中にある存在を考えなければならない**、と主張した。

「ダーザイン」を通して見れば、世界の中にいる人間に注目できる。それは、私たち各々の人間としての在り方を問うものである。そして「ダーザイン」は一人の人間に限定されるものではない。「私」は死んでも「ダーザイン」は在り続ける。「ダーザイン」には二つの側面がある。世界

* ドイツの哲学者（1903〜1969）。ナチスに協力した一般人の心理についての研究が有名。作曲家としても活動した

に投げ出されている被投性と、自らを存在可能性へ向けて投げ出す先駆的決意だ。この両側面を意識させる「ダーザイン」は、現代の喫緊の課題である「共存」のヒントとなる。

テオドール・アドルノ*をはじめ、歴史、社会を無視した概念として、ハイデッガーのダーザインを批判した哲学者は多い。その批判の背景には、ハイデッガーとナチスとの関係がある。ハイデッガーは戦後までナチスのメンバーだった。さらに、反ユダヤ主義の執筆もいくつか残している。その結果、糾弾され大学教員の職を失い、一九五一年まで教えることも禁じられた。このような過ちから、ハイデッガー哲学は不完全であると指摘される。一方、ハンナ・アーレント（―3・7―参照）やジャック・デリダ（―1・4――5・6―参照）はハイデッガーを擁護し、哲学者とその思想を切り離すべきだと主張した。

ハイデッガーは『存在と時間』で、「存在の意味の解明」を最優先の問いとしている。そして、意味とは、「理解して解明して口に出すこと」と定義する。「私は世界の異邦人ではないか」という自己否定から発する葛藤は、本来的在り方への目覚めるための揺らぎなのだ。この揺らぎが共振する。人種差別などの行為を非難されたハイデッガーの哲学が共存のヒントとなるとは、皮肉な話だ。が、これは身体では死んでも「ダーザイン」は生きるということの証左だろう。

3 探求の視点

3·5

ベルクソンの視点

運動

人生成功の方程式はあるのか？

「運動は必然的に方程式の外部に止まる」
（『意識に直接与えられたものについての試論』ちくま学芸文庫135頁）

「人生・仕事の結果＝考え方×熱意×能力」、こんな方程式が稲盛和夫氏によって提案されている。「人生成功の方程式」だ。方程式なので、三つの変数「考え方」「熱意」「能力」は数値化され、人生の結果の値が決定される。おそらく、「人生成功の方程式」なるものは、科学主義に隷従する現代人を説得するための方便だろう。そこで登場するのが、ベルクソンの「運動」の視点だ。「方程式にならない」私たちの人生とは？

＊　日本では数少ない、世界で認められる哲学者（1870〜1945）。『善の研究』が主著

日本でニーチェが哲学ブームを巻き起こしたのが二〇一〇年の『超訳ニーチェの言葉』（ディスカヴァー・トゥエンティワン）。そして二〇二〇年、『人新世の「資本論」』（集英社新書）で、マルクスが再び注目された。哲学者の新しさとは、思想をアップデートすることではない。昔の著作であっても全く色褪せず、いつまでも汲み尽くせぬものがある。これが哲学の「新しさ」だろう。その模範がアンリ・ベルクソンだ。

ジャンケレヴィッチ（―4・4―参照）やドゥルーズ（―2・7―5・7―参照）は、哲学の基点をベルクソンに求め、メルロ＝ポンティ（―3・6―5・1―参照）はテーマを引き継ぎ、サルトル（―3・3―4・2―5・2―6・4―参照）は真っ向勝負を仕掛けた。日本でも、西田幾多郎*は、『思索と体験』（岩波文庫）で「ベルクソンと言えば、今では仏国一流の哲学者としてのみならず、世界の学者として評判物である」と述べている。

「運動」を解明するために、ベルクソンは「ゼノンのパラドクス」を利用する。古代ギリシャの哲学者ゼノンが唱えたもので、代表的なものは「アキレスと亀」のパラドクスだろう。

アキレスはギリシャ神話の英雄だ。そのアキレスと亀が、徒競走をする。ただし俊足を誇るアキレスに対して、亀にはハンディキャップが与えられる。さて、スタート。亀のスタート地点にアキレスが着いたとき、すでに亀はその時間だけ先（地点A）に進んでいる。地点Aにアキレスが着いたときは、すでに亀はその時間だけ先(地点B)に進んでいる。地点Bにアキレスが着いたときは、すでに亀は、その時間だけ先(地点C)に進んでいる。この操作は無限に続く。ということは、アキレスは永遠に亀に追いつけないことになる。

このパラドクスを生んでしまうワナ。ベルクソンはそれを、「運動と、運動体によって踏破された空間の混同」と特定する。

「運動は等質的でかつ分割可能なものである、と断言される場合、考えられているのは、踏破された空間のことであって、この空間と運動を混同している」

(『意識に直接与えられたものについての試論』126頁)

空間は、均等に、かつ無限に分割可能なものである。ベルクソンは、物理で習う等速運動を例にする。距離は「速度×時間」で求められる。そして等速運動のグラフは、時間を横軸に、距離を縦軸にした一次関数になる。その際、時間は無限に分割されうる。それは距離も同様だ。

だが「科学が時間及び運動に働きかけるのは、時間から持続[*1]を、運動から運動性を除去するという条件が満たされた場合だけである」(『意識に直接与えられたものについての試論』131頁)。

本来、「運動」は不分割で有機的なものだ。「運動」を分割するということは、「運動」を停止さ

＊1　「持続」については　2・7　ドゥルーズの視点　で触れている
＊2　黒田官兵衛の名でもよく知られる戦国時代から江戸時代初期にかけての武将・キリシタン大名
＊3　ただしそれを証明する資料はない

せること。すると、パラドクスの中では、アキレスと亀は無限に分割される諸地点で、毎回、停止していなければならないことになってしまう。

ここで、黒田如水[*2]が考案したと伝わる[*3]「水五則」の第五訓を紹介しよう。

「洋々として大洋を充たし、発しては蒸気となり雲となり雨となり、雪と変じ、霰と化し、凝しては玲瓏《れいろう》たる鏡となりたえるも、その性を失はざるは水なり」

「水が蒸発して水蒸気になり、雨、雪、霰、氷となる。そして氷が溶けてまた水になる」と変化し続け、さらに水であることは変わらない。これが水の「運動」である。

さて、この「運動」をどのように「方程式」にできるだろうか。「水」「氷」「水蒸気」と三形態に変化するが、そのどれも、一瞬たりとも、同じ状態でいることはない。どの瞬間でも、目には見えなくても、次の形態へ変化しているのだ。**「運動」とは、生成変化が「持続」する全体のこと**なのだ。

これら「運動」「持続」の視点は西田幾多郎の哲学にも大きな影響を与えている。

3 探求の視点

「ベルクソンに従えば、我々に与えられた直接の具体的実在は流転的である、発展的である、瞬時も止むことがない、つまり生きた物である」（『思索と体験』127頁）

『意識に直接与えられたものについての試論』は、日本では『時間と自由』の名で親しまれている。実はこれ、若きベルクソンが文学博士号のために提出した論文なのだ。この論文は、ベルクソンの「運動」「持続」概念理解のために必読とされる。しかし、論文の主目的は「自由」にある。〈はじめに〉でも、「私たちは様々な問題のうちでも、形而上学と心理学に共通する問題を選ぶことにした。すなわち自由の問題である」（『意識に直接与えられたものについての試論』9頁）と宣言される。この論文の第一章と、「持続」「運動」を扱う第二章は、「自由」への導入なのだ。

しかし、第三章で「自由」は、「自由と呼ばれるのは、具体的な自我とそれが遂行する行為との間の連関である。この連関は、まさに我々が自由であるがゆえに定義不能である」（『意識に直接与えられたものについての試論』239頁）と説明されるに止まる。「運動」や「持続」のような明確な定義がされないのが、「自由」の憾《うら》みだろうか。だが、「運動」は「自由」へ繋がることがわかった今、私たちの人生を、「自由な運動」として解き直すことは許されるだろう。

「方程式」は、私たちを「自由」へと促すものではない。「自由」は、予め用意された地点「XかYか」を選択することではないのだ。「氷か水蒸気か」を選ばず、水は自ずと、「氷にも水蒸気にも」なる。「自由な運動」には、予め打点された「XもYも」ない。

私たちが「自由」であるとは、「運動」を通して私たち自身を死ぬまで創造し続けられることを意味するのだ。

あまり「方程式」にこだわらないほうがいいだろう。到達すべき点も、所要時間も、グラフの形も、「自由」には無関係なのだから。

3 探求の視点

3・6

メルロ＝ポンティの視点

身体

身体か精神か、それは問題か？

「他者の身体を問題にするにせよ、私自身の身体を問題にするにせよ、身体なるものを認識する唯一の手段は、自らそれを生きること、つまり、身体を経たドラマを私の方でとらえ直し、その身体と合体することだけである。従って、私とは私の身体である」

（『知覚の現象学１』みすず書房２３２頁）

哲学の領域で「身体」がテーマになるとき、必ずセットになる概念がある。「精神（あるいは、魂や心）」だ。かつてプラトンは、「身体は魂の牢獄」と考えていた。そのプラトンによれば、ソクラテスは死に臨んで、「身体は衣装のようなものだから、死を恐れることはない」と弟子たちに伝えたそうだ。デカルト（ー１・３ー参照）は心身二元論で、「機械としての身体」に対し、「私」の主体としての「精神」の優位を主張した。でも、「身体」とは、それほど単純明快なものだろうか？もっと「奥行き」があるのではないだろうか？　問題は、「身体か精神か?」ではなさそうだ。

メルロ＝ポンティは、ガブリエル・マルセル（一一・七一一六・七一参照）の身体論を継承する。マルセルは『存在と所有』で、「不随意性」という観念を「身体」に関連させている。「不随意性」、つまり、自分の意思で自由に動かすことができない、ということは、「身体を持つ」という単純な事実への再考を促す。しばしば私たちは「私の身体」と言う。「私が持っている身体」という意味だ。「持つ」、つまり「所有している」ということは、そのものを自由に扱うことができることを意味する。では、私たちは「身体」を「所有している」のだろうか？

自分自身の「身体」は、自分の対象として自由に扱うことはできない。自分自身の「身体」を自分で見ることはできないのと同様に。「身体」は、このような「不随意性」に縛られている。だが、「身体」が「不随意性」を伴うからこそ、私たちはものを所有しようとする。世界を掌中に収めた者は、はたして何を所有しているのだろうか？

私たちは決して、神のような超越的、あるいは偏在的な視点から世界全体を認識することはできない。「受肉した」視点は、常に不完全なものである。だが、身体を通して世界を見ているからこそ、私たちが見る世界は常にパースペクティヴとして現れるのだ。そして、身体を動かして視

3 探求の視点

点を変えれば、それに応じてパースペクティヴも変化し、これまで見えなかった世界が見えてくるのだ。これこそ、自由に世界を見ることだ。

世界と私の関係は、常にパースペクティヴとして知覚される。これがメルロ＝ポンティ哲学の起点となる。たとえば、私の前にある立方体の木材。これは本来、立方体として見られていない。必ず、どこか見えない面を残しながら知覚されているはずだ。一方で、身体的な制限のない神の視点は、このようなパースペクティヴ性から解放され、立方体六つの面を一気に捉えてしまうだろう。精神的な視点（というものが可能ならば）は、このような神の視点に立つことを目指すものだ。しかし、不完全にしか世界を見られない身体という否定性は、ここから百八十度転回する。完全な世界を認識する者は、世界と交わっていると言えるだろうか？

そのような者は、世界が表情を持っていることを実感できるだろうか？

立方体のような科学知によって認識される世界は、無表情だ。世界が表情を伴ったものとして見られるのならば、私たちの身体が基点となって世界が開かれていることの証になる。つまり、身体の「不随意性」が在るからこそ、私たちは自由に世界を見ることができるのだ。

確かに科学の分野では、「身体」は実験対象としての「物体」になる。だが、「身体」は鉱石や機械とは違った特別な「物体」だ。「身体」は痛みも喜びも感じる。「身体」は涙を流す。眼は世界を見て、耳は世界を聞き、肌は世界に触れる。このように「身体」と世界は、独特な関係を結んでいる。そして、**「身体」の向きや高さが変化すれば、世界の姿もそれに応じる**のだ。

科学の客観的世界は、このような生々しい体験を排除して初めて確立される。ということは、客観的世界は私たちが体験できるものではないのだ。

「最初の哲学的行為とは、客観的世界の手前にある生きられた世界まで立ち戻ることだ」

（『知覚の現象学1』110頁）

「身体」は、私たちが関わる世界の核となる。**身体があるから、私たちは自由に世界と関わることができる**し、世界は私たちに違った姿を見せる。そして、有名な次のフレーズだ。

「身体こそが自ら示し、身体こそが自ら語る」

（『知覚の現象学1』323頁）

メルロ＝ポンティが導く哲学は、ユニークでかつ実践的だ。「**真の哲学とは、世界を見ることを学び直すことだ**」（『知覚の現象学1』24頁）、「**哲学とは己自身の端緒が常に更新されていく経験である**」（『知覚の現象学1』13頁）。哲学的視点とは、**できあがった世界の姿から、いったん離れ、改めて世界を自分自身の眼で見ようとすること**だ。世界と自分の関係を、抽象的概念で誤魔化してはならない。自らの肉眼でもって世界を見直そうとする不断の努力、これこそ哲学することなのだ。

3 探求の視点

3・7

アーレントの視点 活動

フリーターではダメか？

「人間は活動において、自分が何者かであるかを示し、そのユニークな人格的アイデンティティを積極的に明らかにし、人間世界に姿を現す」

（『人間の条件』ちくま学芸文庫291頁）

『エルサレムのアイヒマン』なる本がある。「悪の陳腐さについての報告」という副題でも有名だ。これは、ハンナ・アーレントが、アイヒマン*の裁判記録を雑誌『ニューヨーカー』に連載、それを書籍化したもので、彼女の名前を世界中に知らしめた。称賛と同時に、大量の非難とともに。特徴的なのは同胞たちからのバッシングだった。

ユダヤ人のアーレントはドイツで生まれた。しかし、反ナチ活動に協力しフランスに亡命。第

* 第二次世界大戦中、ユダヤ人絶滅計画の責任者だったナチス親衛隊中佐。戦後、アルゼンチンに逃亡したが、捕らえられ、エルサレムでの裁判後に死刑

二次世界大戦勃発後、アメリカに亡命してからは、アメリカを活動拠点とした。アーレントの主著として、他に『全体主義の起原』と『人間の条件』がある。『全体主義の起原』は、彼女の出世作だ。全体主義とは、政府に反対する一切の政党も言動も禁じられた国家体制のことだ。ヒトラー、ムッソリーニ、スターリンによる体制が代表例だ。

身の安全が保証されたアメリカで、彼女はナチスによるホロコーストを知ることになる。「何が起こったのか？　なぜ起こったのか？　どのように起こりえたのか？」。彼女にとって、全体主義と闘うことは、政治活動によって打倒することではなく、その背景にある思想を見極めることだった。そして『人間の条件』が誕生する。

3 探求の視点

『人間の条件』でアーレントは、「労働」「制作」「活動」を人間の基本的な活動力として分類する。まず「労働」だ。英語では«labor»。労働は「人間の肉体の生物的過程に対応する活動力」として考察される。「労働」と言えば、マルクス（―3・コラム―参照）が想い起こされる。マルクスは「労働」を、「人間にのみ許された明確な目的を持った行い」と定義した。アーレントもマルクスの論説を継承している。何よりもまず「労働」は、自らの生命を維持するための行為だ。だが、「生命を維持する」必要だけでは、「労働」が苦役に転化する。古くは奴隷に押し付けてきたこと、現代では機械に任せてしまうことが、「労働」だ。かつて自由人とは、他者を犠牲にすることで、このような苦役から逃れてきた人のことを指していた。

続いて「制作」。英語では《work》となる。制作は「人間存在の非自然性に対応する活動力」として定義される。人間の自然性は、有限であることを意味し、「制作」の非自然性とは、有限性の中で一定の永続性と耐久性を与えることだ。しかし、アーレントによれば、「制作」もまた他者不在の行動である。「制作者」にとって、目的を達成することが最大の関心だ。それは、人間を道具として恣意的に利用してしまうことに繋がるのだ。

「労働」と「制作」には一つの共通点がある。どちらも、「他者の犠牲」、別言すれば「他者不在」によって成立する。「他者不在」を推し進めた先にあるもの、それが全体主義だ。もし、ナチスの構成員たちに他者への関心が残っていたら、ホロコーストという非人間的な悪行は歴史に現れなかっただろう。全体主義は、自主性を軸とする人間性を否定する。この体制下では、他者との一切の関係が遮断されてしまう。アーレントにとって、全体主義打開の鍵となるのが「自主性」だ。

苦役である「労働」の特徴は「繰り返し」だ。日々同じことを反復させられる。一方、「活動」は常に「始まり」。たまたま同じ行為であっても、自主性によるものであれば、「始まり」なのだ。

「「活動する」というのは、最も一般的には「創始する」「始める」という意味である。［中略］同時に、何かを「動かす」という意味である。［中略］人間は、その誕生によって「始まり」、創始者となるがゆえに、創始を引き受け、活動へと促される」

（『人間の条件』288頁）

古来、哲学は「自分が何《what》であるか?」を問題としてきた。つまり、人間の本質が問われていた。だから、本質と理想の考察のためには、現場や行動から離れる「観照的生活」が推奨されてきた。だが、アーレントは「自分が何者《who》であるか?」を問う。**「何者か?」は、観照によって理解されるものではない。常に現場で、他者によって開示されるの**だ。これが、アーレントが提示する「活動的生活」だ。

> 「その人が何者であるかという暴露は、その人の行為に全て暗示されている。〔中略〕そして活動の暴露的特質は、人々が他人の犠牲になったり、他人に敵意をもったりする場合ではなく、他人と共にある場合に前面に出てくる」
>
> (『人間の条件』291―292頁)

私たちに天賦の活動力が備わっていると信じられるか? ここが始点になりそうだ。もし、仕事が「しなくていいならしたくない」ものだとすると、「仕事=労働(苦役)」という鋳型に嵌まり込んでいる。「他者」が代理できる「しなくていいこと」はしなくてもいい。自らを突き動かす「どうしてもしてしまうこと」に素直になってみたらどうだろう。**必ずや、「他者」が「私は何者か?」に答えてくれるだろう。**

3 探求の視点

COLUMN

マルクスが見た未来

家畜人間

アメリカ議会図書館に保管されているエドマンドS・ヴァルトマンの風刺画《I can't believe my eyes!》（自分の目が信じられません！）が、一九九一年、アメリカの新聞各紙に掲載された。コミュニストイデオロギーの代表者とされるカール・マルクス、それにウラジーミル・レーニンとヨシフ・スターリンが天国から地球を眺め、ソ連最後の最高指導者であるミハイル・ゴルバチョフによる共産主義の葬式を覗き込んでいる。これは、当時のアメリカ人が共産主義に対して持つ固定概念を考察する格好の題材ともなる。

共産主義の天国の描写は、マルクスの無神論に対する皮肉である。『ヘーゲル法哲学批判』で、宗教は「民衆のアヘン」として批判されている。宗教、特にキリスト教の信者が多いアメリカから見たら、経済だけではなく信仰の自由まで障害と位置付ける共産主義は大敵として捉えても当然であった。しかしマルクスは、死後の幻想によって労働者たちが日々直面する苦労を忘れさせようとした支配階級を糾弾した。

しかし冷戦時代には、神の存在まで否定する共産主義者は、非倫理的な人物として扱われた。冷戦の背景には、経済問題を超えたこのような理由もあったのだ。現在でも多くのアメリカ人が、無宗教の人は善と悪の区別ができないと信じている。

ヴァルトマンが描いた葬式の描写は、共産主義の革命で犠牲になった多くの人を弔っていると連想できる。確かに、レーニンやスターリンをはじめ、マルクスの名前を借りて大量殺戮をしたリーダーはいる。しかし、マルクスは資本主義の問題を指摘した哲学者であって、政治的な指導者ではない。ソビエト連邦が崩壊したからと言って、マルクスの哲学が間違っていたと証明されたわけではない。共産主義ならいざ知らず、マルクス哲学の葬式は、常に未完成で終わることだろう。

マルクスの哲学は、資本主義の弱点を再考する機会を私たちに与え続ける。相変わらず、資本主義の諸問題は解決されないまま残されているのだ。リーマン・ショックからコロナ、そしてデジタル・トランスフォーメーション。社会格差の広がりは多くの人が感じているは

3 探求の視点

ずだ。社会は、変化のスピードについていけない人に一瞥もくれない。そんな人々には、マルクスが提案した社会モデルが役に立つだろう。アメリカの実業家アンドリュー・ヤンが提案するユニバーサル・ベーシック・インカム*は共産主義の応用とも言える。

マルクスの思想を讃える人で、『資本論』を読破した人はどれほどいるだろうか。それは嫌悪する人についても同様だ。岩波文庫の翻訳版で全九巻、よほどの数寄者でなければ完遂できない任務だろう。聖書と同じように、解説を読んでいる人が多く、解説者の先入観は一つのフィルターとなる。ここでは、マルクス解説というより、マルクスの思想の足跡を追いながら、未来のヒントを示したい。

* 全アメリカ国民に月1000ドルを分配する制度

「ブルジョア階級とは、近代的資本家階級を意味する。すなわち、社会的生産の諸手段の所有者にして賃金労働者の雇傭者である階級である。プロレタリア階級とは、自分自身の生産手段をもたないので、生きるためには自分の労働力を売ることをしいられる近代賃金労働者の階級を意味する」

（『共産党宣言』岩波文庫38頁）

産業革命の社会変化に直面したマルクスは、一つの事実を見抜く。労働者階級であるプロレタリアはブルジョワジーに支配されている。産業革命以前、労働者は生産手段を持っていた。しかし、産業革命における工場発展により、財産が集中しているブルジョワジーに生産手段を奪われてしまう。

たとえば、机を作る職人で考察してみよう。最初は材木を選び、その木に最も合う形を考える。自分の所有物である道具で作る。製作後、自分の店で値段を決めて販売し、その利益を自分のものとする。職人たちは、机や椅子、木の大箱など様々なものを創造し、作る達成感を味わえた。しかし、産業革命後は、机の生産は職人から工場労働者の手に移る。彼らは机の一部（たとえば引き出しなど）を朝から晩まで作らされる。デザインについて口を出せない、道具も選べない。机一つにつき商品代をもらえず、時給で仕事の価値、つまり自分の価値が計算される。

3 探求の視点

要するに、自分の時間を売っているのだ。当然ながら、この仕事での達成感は、なかなか生まれない。本当に利益を得る人は、生産手段を管理する会社の社長。実際のコストよりも高く商品を売れば売れるほど利益が出る仕組みだ。

生産手段から離れれば離れるほど気力を失い、そして仕事に不満を感じ、未来に不安を感じる。これがマルクスの描いた「家畜人間」の姿だ。これは、今でも通じる重要な教訓になるのではないだろうか。現代人は資本主義と共存するために様々な方法を求めている。しかし「求めなければならない」が、一つのプレッシャーとなる。こうして、最近流行しているマインドフルネスは、この精神状態から解放される一つの方法となっている。だが、これがまた新たなプレッシャーになっている。

プレッシャーに駆り立てられる自分の姿を認めよう。それができれば、いったん、立ち止まろう。そして、資本主義の問題について、ちょっと考えてみるのはどうだろう。近年の若者が、大企業よりも理念に共感できる会社、すぐ活躍できるスタートアップへの就職を好んでいることは、生産手段を取り戻す一つの手段として考えてもよいかもしれない。ベーシック・インカムも資本から人々を自由にする一つの手段であるだろう。マルクスと付き合うことは、マインドフルな仕事環境を整えるきっかけになるかもしれない。

発展の視点

諸問題を自己化させ、仲間と共有した。
しかし、その活かし方が見えていない。
視野を広げさせ、時代の因果を見抜き、
未来へ繋がる新しいビジョンを
構築するのに役立つ視点。

4・1 ソシュールの視点 文脈

なぜ忖度はダメなのか?

「語を連辞的に取り囲むものが文脈だ。〔中略〕連辞には始まりと終わりがあり、他の語が前後に配置されることで語は機能する」

(『ソシュール 一般言語学講義 コンスタンタンのノート』東京大学出版会164頁)

「文脈を読む」。これと似て非なるものが、「空気を読む」だ。確かに似ているところもある。だが、その本質は全く異なる。その違いを明確化することは、私たちが背負う問題への見方を大きく変えてくれるだろう。段階的にご紹介してきたソシュール最後の視点が、「文脈」。冒頭の引用には「連辞」という見慣れない専門用語が登場している。「連辞」とは、一つの文を成す各項目(単語)の顕在的な関係のことだ。この用語は、ソシュールの影響力を示すキーワードにもなる。

なぜソシュールが「構造主義の始祖」と呼ばれるのか。ここには二人の大物が関わっている。レヴィ＝ストロースとロマン・ヤコブソンだ。

レヴィ＝ストロースはフランスの社会人類学者で民俗学者。ソシュールと同じく哲学者ではないレヴィ＝ストロースが、なぜ哲学史に不可欠な人物なのか？　それはサルトル（一3・3一など参照）との対決から明らかになる。「主体的かつ自由な選択」を主張するサルトルを『野生の思考』で徹底的に批判した。自由な選択を可能にする「主体」などない。私たちは常に、私たちが受け入れた社会の仕組みによって選ばされている。その仕組みが「構造」と呼ばれる。「構造」は不可視。そして、「構造」に組み込まれない選択肢は、そこに生きる人間の視界に入らないのだ、と。

一方、ヤコブソンはロシア人の言語学者。第二次世界大戦が始まる前、プラハには東欧から優秀な言語学者が集まり、ソシュールの言語観を基礎にしながら言語研究をしていたグループがあった。通称、プラハ学派。ヤコブソンはプラハ学派の中心人物だ。ナチスの弾圧を逃れるため亡命したニューヨークで、彼はレヴィ＝ストロースに「構造」なるものを伝授した。その結果、「構造主義」は、サルトルが率いていた（と、世間の目には映っていた）「実存主義」を、完膚なきまで叩きのめした（と、世間には見なされた）。こうして、哲学は新たな潮流に入ったのだ。

4 発展の視点

「文脈」と「連辞」、この二つのキーワードについて、ソシュールはチェスを例に解説している。

「駒のそれぞれの価値は、チェス盤の上の位置によって決まる。［中略］価値は不変の慣習、競技の規則によって決定され、この規則は試合が始まる前から存在していて、どの局面の後でも継続する」

（『ソシュール 一般言語学講義』研究社128頁）

チェスには始まりと終わりがある。「連辞」とは、いわば、ゲームスタートから勝敗がつくまでの全体を構成する駒の動きのことだ。終局を迎えたゲームを録画して最初から再生すれば、駒それぞれの動きが一種の流れを作っていることがわかるだろう。だがその駒は、自分勝手に動いているのではない。ゲームのルールに従って動いている。そして、各一手には「なぜ？」への理由があり、それは前後の駒の動きと相互に関わっている。この流れを読み誤ったプレーヤーが敗者になる。

ソシュールの病死によって、『一般言語学講義』での「連辞」の説明は未消化のままで残されてしまった。このミッションを引き継ぎ、補ったのが、ヤコブソンだ。ヤコブソンは失語症の患者の言語能力を研究していた。彼らには二種類の特徴があり、その一つが、単語を断片的に発してもそれを脈絡のある文章にはできなくなる障害だ。これは隣接性障害と呼ばれる。もう一つは、定型文は発言できても、そこに使われる単語を選択することはできないという障害――類似性障害と呼ばれる――だ。「連辞」は隣接性障害から解明される。完成された一文がある。そして、その文章を作り上げている各単語は文法に則って相互関係を作っている。これが「連辞」だ。「連辞」の力を失うと、文章が作れなくなってしまうのだ。

「文脈を読む」は「空気を読む」と別次元のものだ。言語個々の項は、文章という全体の中でようやく「意味」を持つ。単語同士が文章を作り、互いに関係を持たなければ「意味」をなさない。また、単語を気ままに並べただけでも「意味」をなさない。文法という決まりが不可欠だ。「空気を読む」ことは雰囲気に支配される付和雷同、「同じて和せず」だ。これは流行語になった「忖度」であって、読解力ではない。これに反して、「文脈を読む」ことは、科学的でかつ社会的な力。だから訓練することで必ず習得できる。確かに、一朝一夕に獲得できるものではない。だからこそ貴重だと、お勧めできる。「和して同ぜず」で、孤軍奮闘することもあるだろうが。

様々な問題点というものは、相互的相対的なもの。互いの項の関係によって、その「価値」が決まる。私たちは、往々にして、価値ある一つの視点に固着してしまう。それでは、解決の糸口はいよいよ遠ざかっていくだろう。そんなときは、**いったん、当の問題から離れ、「文脈」に注目してみよう。前後の問題との関係の中に、突破のヒントが隠されているかもしれない。**

4 発展の視点

4・2 サルトルの視点 自由

自由が先か、不自由が先か、それが問題だ

「自由はまさに呪いである。しかしそれはまた人間の偉大さが由って来る唯一の源でもある」

（『シチュアシオンⅡ「レ・タン・モデルヌ創刊の辞」』人文書院19―20頁）

サルトルは「戦争という状況に自らを巻き込む」と宣言し、起死回生を果たした（1―3・3―参照）。だが、「自らを巻き込む」ことはそう簡単ではない。なぜならこれは、不条理にも自分が巻き込まれてしまった状況、そんなものをつくり出した側になるということだからだ。サルトルはこれを「共犯」と表現する。「状況の共犯になれ」とは、ある意味、理不尽な要請だろう。だが、ここに「自由」の最大の特徴が隠されている。

＊1　19世紀の哲学者。後世への政治体制や社会思想に大きな影響を与えた

＊2　20世紀に活躍したドイツの哲学者、心理学者。ナチスの台頭を受けてアメリカに亡命、帰化

私たちが置かれている状況で精察してみよう。たとえば、地球環境問題。この元凶は誰か？　戦犯のような人間はいるのか？　貧困や戦争などの他国の問題。これらは対岸の火事なのか？　そして経済格差。格差の解決は誰がするのか？「これら全ての問題に自分が「犯人」として関わっている？　地球温暖化という危機の原因は自分？　そんなバカバカしい！」と憤慨するかもしれない。だが、ここから始めてようやく、本来的な自由人になれるとしたら？

«engager»には「巻き込む」以外に、「拘束する」という意味がある。ということは、アンガジュマンは、自らを状況に拘束させていくことだ。これがなぜ、自由に抵触しないのだろうか。明らかに「拘束」と「自由」は対義語であるのに？

私たちは「自由」から何を連想するだろうか。これまで多くの哲学者たちが「自由論」を手掛けてきた。その名も『自由論』は、ジョン・スチュアート・ミル[*1]。あるいは、エーリッヒ・フロム[*2]の『自由からの逃走』。そしてサルトルだ。多才なサルトルの業績は哲学だけではなく、『嘔吐』を代表とする小説や、『出口なし』などの戯曲にまで及ぶ。そんな彼の小説の一つに『自由への道』がある。これもまた、題名通り自由をテーマにしている（ただし未完）。

4 発展の視点

一般的に、自由は二つの意味に大別される。拘束などから解放されている状態。そして自らの意志で行動できる状態。辞書にも、たいがい、この「束縛がない」と「随意」の意味が載っている。とはいえ、この二つは独立して存在するものではない。束縛と随意は、対立しながら互いに意味をつくり出している。端的に言うと、自由の成立は不自由を前提としている。

ところが、サルトルの「自由」は前提無用の自由なのだ。「拘束」と「自由」は、サルトルの中にあってはほぼ同義。だからこそ「呪い」になる。好き勝手に自由であったり不自由であったりできない。『実存主義とは何か』では「**人間は自由の刑に処せられている**」と表現される。だが、この本来的自由が、「偉大さの由来」となる。

自分を拘束する状況があり、その中で選択する行為のうちに、本来の自由が発揮される。無論、私が自由ならあなたも自由だ。そもそも自由でしかない私たちには、他人への強要は許されない。強要がダメなら、どうすればいい？「呼びかけよう！」、サルトルは答える。

「作家は、読者の自由に呼びかけて、読者が自由に作品の制作に参加することを求める」

（『文学とは何か』人文書院56頁）

本は、作家と読者双方の行為に結びつかなければならない。その本質は、作家が自らの自由を発見する自由であり、同時に、読者という他者の自由への呼びかけでもある。

「なぜ、こんな時代に生まれたのか？　なぜ、この場所に生まれたのか？　なぜ、こんな顔、こんな身体に？　そして、なぜこんな状況に放り込まれたのか？」

これらへの答えは、ない。このような「答えのない冷厳な事実」が、根源的な不安となる。が、ここから自由が発現する。**受動的かつ偶然的な事実を、能動的かつ必然的な行動へと転換するとき、私たちは本来的な自由でいられるのだ。**

「モノ」は不安にならない。「モノ」は初めから「モノ」として作られ、「モノ」として使われ、「モノ」として終わりを迎える。「モノ」は時間を意識しない。不安の可能性も絶無だ。では、私たち人間は？　不安を忌避したいからといって、「モノ」としての在り方を望むのか？

「それは自己欺瞞だ！」とサルトルは一刀両断する。**自己欺瞞とは、自らをモノ化してしまうこと。自分の自由から逃れ、自分の可能性を隠すことだ。私たちは、最初から「人間」であるのではない。自分が置かれた状況の中で、自らの可能性に目覚め行動し続けながら、未来を創造する。選択、行動、創造によって、人間は「人間に成る」のだ。**

未来は見えない。出口も見えない。だがこんな状況下だからこそ、私たちの自由が試されている。「やるかやらないか」の自由は非本来的だ。「出口をつくる」可能性があるじゃないか！　私たちは、未来に向かって自らを投げ込んでいくしかない。そのような人間本来の行為が、「**投企**」だ。―5・2―へ続く。

4　発展の視点

4・3 クロソウスキーの視点 シミュラークル

「私」の値段はいくらだろうか？

「一つの目標を定めること、一つの意味を与えること。単に生気に満ちた力の数々に方向性を与えるためばかりではなく、新たな力の中心（複数）を生じさせるために。これがシミュラークルのテーマである」

（『ニーチェと悪循環』ちくま学芸文庫265頁）

私のクローンが製造されたとしよう。私と同じ身体能力・知力・キャリアなどを寸分違わずコピーしている。さて、私は、私のクローンと自分をどのように見分ければよいのだろう？　そのヒントが「シミュラークル」にある。「シミュラークル」、聞き慣れない言葉だが、類似表現の「シミュレーション」から推測できるかもしれない。「シミュレーション」は「模擬実験」や「フリ

＊　「二十世紀最後の巨匠」とピカソに称えられた画家。代表作は『夢見るテレーズ』。二〇一九年のオークションでは『ベンチシートの上のテレーズ』が二十一億円近くで落札された

をすること」を意味する。「シミュラークル」も辞書的には「模擬行為」「模造品」となる。語源はラテン語の神々の彫像を意味していたことからもわかる。それは、天空にいて目には見えない神々を、人間に似た姿に「解釈」し、一種の物象化をすることだった。クロソウスキーは、語義に潜む「解釈」の部分をクローズアップさせ、「シミュラークル」の思想的意義を際立たせた。

彼は、**「シミュラークルは、一つの方法ではなく、一つの力であるという思想、［中略］決定不可能なものそれ自体によって決定された状況の中にいる人間のありようを再び問題にする思想である」**（『かくも不吉な欲望』河出文庫236—237頁）と述べているが、決定不可能なものそれ自体によって決定された状況の中にいる人間のありようを再び問題にする？　決定不可能なことを決定する？　これは明らかな矛盾だ。決定不可能は、伝達不可能や言語化不可能にも通じる。

この不可能性に挑むピエール・クロソウスキーとは、いったいどんな人物だったのか。彼の家族が示唆となる。父エリックはポーランド出身の画家。母も画家。そして三歳年下の弟は、かの有名なバルテュスだ*。クロソウスキーにも絵の天賦があり、六十代後半からは「筆」をペンから色鉛筆に替えて絵画（タブロー）制作に専心した。身体的な非言語という言語を表現方法に選んだのだ。

「シミュラークル」に関するクロソウスキーの思想を理解するのに不可欠なのが、ニーチェ論とバタイユ論だ。まずはニーチェ論から紐解こう。

冒頭の引用で最も注目すべきは、「複数の力の中心」だ。市場は一つの価値を流通させる。流通が問題になるとき、私たち自身も流通可能なモノとして評価されてしまう。役割・肩書き・身分・経歴、これら全てが「私」の市場価値、市場での値段決定に用いられる。だが、私たちはそもそも、役割や肩書きを背負って生まれてくるのではない。

「意識的思考は、ただそれだけが伝達可能であるがゆえに、常に私たち自身の最も有用性のある部分のみをもたらす。したがって、私たちが最も本質的なものとして持っているものは伝達不可能で有用性のないパトスということになる」

(『かくも不吉な欲望』224―225頁)

まだ名前も形もないパトス*を解放させる、これがニーチェの目論見である。「シミュラークル」は、コントロール不可能なパトスに、市場価値に則るフリをして、暫定的な目標と意味を与える。だが、これは市場価値にはならない。あくまでフリをするだけだ。フリをすることで、「シミュラークル」は市場価値が私たちに押し付ける同一性を破砕しようとする。そこで、モノとしての「同一性」を解除させるのは、クローンではない。決定可能なものによって製造されたクローンには、「フリ」はできないからだ。クロソウスキーは、このようなニーチェを「ペテンの哲学者」と表現する。

* アリストテレス倫理学で、ロゴスと対比され、情動、情念、衝動、情熱などと訳される

続いてバタイユ論を参照しよう。—2・4 有用性—で紹介したように、市場価値は「商品にとって有用な人間をつくる」。クロソウスキーは、これは「伝達」にも影響を及ぼすと見抜く。私たちは「伝えたいこと」を伝えることはできない。むしろ、先に価値評価される「伝えるべきこと」があり、そのようなことしか言語化できない。私たちは、「伝達しようとすることの残滓しか伝達できない」(『ルサンブランス』ペヨトル工房32頁)のだ。そこで「シミュラークル」の出番だ。

「シミュラークルは伝達し得ざるものの部分を忠実に物真似している。シミュラークルは私たちが一個の体験について知るところの全てである」(『ルサンブランス』32頁)

資本と科学が支配する世の中に息苦しさを感じる人々が出始めている。自分のクローンを使って最高の自分のためにシミュレーションする。しかし当然、これは「交替可能」な自分。そして交替を決定するのは、自分ではなく市場価値だ。だったら、最高の価値という高みからではなく、「私は無価値である」という最低部から始めたらどうだろう。きっと、この呼びかけに感応する仲間ができるだろう。

クロソウスキーの「シミュラークル」はボードリヤール(—6・コラム—)に受け継がれ、資本主義がもたらす「新しい現実(ハイパーリアル)」を解明するキーワードとなる。

4 発展の視点

4・4 ジャンケレヴィッチの視点 道徳

道徳の先生は道徳的な人なのか？

―「道徳は、本質的には、拒否である」（『道徳の逆説』みすず書房29頁）―

『心のノート』なるものがある。小中学校での道徳の授業を「改善」させる起死回生の策として導入されたテキストだ。これが相次ぐ批判にさらされた。予め「いい子」なるものが想定され、「いい子」になるように誘導する仕掛けになっている。「考え、議論する道徳」の授業をするなら、教師たちはまず、ジャンケレヴィッチの視点を学ぶべきだろう。

ウラジミール・ジャンケレヴィッチとは？　そのためにはまず、「哲学者とは？」を問わなければならないだろう。ジャンケレヴィッチは、哲学を図式化することを嫌う。そして、「〇〇主義」のような党派の哲学を生業とする者を、「哲学屋」と嘲笑う。党派は、図式の中に私たちを囲い込んで鍵をかけてしまうことだ。さらに「○○カブレ」ともソリが合わなかった。人気の党派に所属することもなく、時流に乗ろうともしない。彼にとって哲学は、教室での講義だけではない。教室を出て、生徒たちと一緒に闘うことがしばしば。だから生徒たちには大人気だった。口先だけのアンガジュマン（→3・3→参照）を糾弾した闘士だ。哲学者が主人公となるドラマができるとすれば、間違いなくジャンケレヴィッチのような人物となるだろう。

そんな彼の名言の一つに、こんなものがある。**「私は流行遅れになることはない。なぜなら流行になることがないからだ」**――こんな彼を、人々は「現代のソクラテス」と呼ぶ。

「道徳は、本質的には、拒否である」、この発言を「だったら道徳なんて無視しちゃってもいいんだね」と早合点してはならない。この引用には続きがある。

「道徳は、自己本位の快楽の拒否だ。したがって、道徳を拒否する拒否は、ごく一般的には、道徳に基づく拒否の拒否、自分自身の快楽、自分自身の利益、そして自己愛を断念することの拒否だ」

（『道徳の逆説』29頁）

なぜ、「拒否の拒否」と複雑な言い回しをするのか。ポイントは、**「拒否できるものでなければ道徳にならない」**ところにある。**「道徳は拒否することができる」**、**これが前提なのだ**。そのよう

4 発展の視点

な拒否をさらに拒否することで、真の道徳となる。

なぜ「道徳を拒否」するのか。多くの場合、道徳的な行為が困難だからだろう。だから、「道徳の授業」は、このような障害をできるだけ低くし、平均値を狙い、有用性を説く。だが、道徳には障害が不可欠なのだ。むしろ、**「障害〈にもかかわらず〉、そしてまさに障害〈のおかげで〉なしうることがなしうる」**（『道徳の逆説』１３６頁）ようになるのだ。

「拒否の拒否」、**「〈かかわらず〉と〈のおかげで〉の同居」**、これをジャンケレヴィッチは「道徳の逆説」と表現する。他にも「逆説」はあるが、この側面を忘れてしまうと、道徳を語るだけの評論家になってしまう。道徳とは、「いい人」になることを目指すものではない。道徳とは、日常的な有用性とは全く別物。これはジャンケレヴィッチが繰り返し強調することだ。

例の『心のノート』は、「ウソはついてはいけない」という誘導をする。これは思惟の面倒を避ける配慮と言える。これはまた、罪悪感という刷り込みによる強制とも言えるだろう。

「あなたの家にナチスのレジスタンスが隠れている。そこにナチスが巡回に来る。ナチスの質問、『ここにレジスタンスはいるか？』にあなたは何と答えるだろうか？」

「道徳」を議論する際に、この問いがしばしば提示される。ここに至って「ウソをつかない」と回答する人は少数だろう。なぜなら、私たちはすでにナチスの所業を知っているからだ。だが、これほど明々白々な悪と向き合うことは、それほど多くない。大抵は、「ウソをつくかつかないか」

を自分で判断しなければならない。しかも「待ったなし」で。ジャンケレヴィッチは、ベルクソン（一3・5一一5・5一一6・5一参照）のこんなフレーズを援用している。

一「思惟の人間として行動し、行動の人間として思惟する」（『徳について1』国文社249頁）一

これが道徳の真髄だ。

道徳の教科書のいかがわしさは、どこにあるのだろうか。端的に、「口先だけ」に所在するだろう。つまり「道徳を語る当の本人の行いはどうだろうか？」ということだ。**「重要なのは、華々しく、気が利いていて、雄弁なことではなく、本当に行動することだ」**（『徳についてⅠ』232頁）。

道徳の先生になってはならない。テキストを教えるだけの人、あるいはテキスト通りにする人は、自分の義務を放棄した偽善者になってしまうのだ。ジャンケレヴィッチの行動は常に、自由から疎外されている弱者のためにあった。そのような弱者を、彼は「隣人」と表現する。さて、私たちが命を捧げられる「隣人」は、誰だろうか。家族か友人か。あるいは子供たちか。

こんなジャンケレヴィッチにとって、「死」と「愛」も大事なテーマだった。『死』（みすず書房）、『死とはなにか』（青弓社）がある。ここで引用した『徳についてⅠ』（国文社）は三部で構成される大著だ。その第二部『徳についてⅡ』の副題が「徳と愛」。全4巻のうちのⅢ以降の日本語訳は二〇二一年現在進行中とのこと。完成が待たれる。

4 発展の視点

4・5 ブランショの視点 友愛

共に生きるとは？ Ⅰ

「私たち自身がそうである未知のものを露呈させ、厳密に言って私たちが自分ひとりでは体験することのできない私たち自身の孤独との出会いを顕現する、友愛とはそうしたものである」

（『明かしえぬ共同体』ちくま学芸文庫59頁）

「共に生きる」。コロナ禍前から耳に届いていたこのフレーズが、最近は一種の緊張感を持つようになってきた。特に仏教者たちから警告に似たメッセージが出始めている。仏教、特に浄土宗では「共生」を「ともいき」と読む。「共生かそれとも絶滅か」、そんな切迫感もある。哲学では「**共同体論**」がヒントになるだろう。その代表がモーリス・ブランショだ。

「共同体」と似て非なる言葉がある。「社会」だ。ルソー（一1・6一参照）らにとっては、「自由な主体の契約」が社会の基礎となる。特にルソーは、「自然状態」の人間を理想とし、文明によって汚染された人間を「社会状態」として対峙させた。つまり、「ルソーにとって社会とは、共同的な親密さの喪失ないしは衰退として再認される」（『無為の共同体』以文社18―19頁）のだ。彼は、「契約」が発生する前の、自然で親密な結びつきについて考察した。

一方で、西洋には伝統的に、「社会は自由な個人同士の契約によって成り立ち、共同体は文明化以前の悪しき旧弊である」という考え方がある。不文律や空気感、日本の「村社会」のような結びつきが共同体であり、それは保守的で閉鎖的なものだと排撃される。

ルソーの考えでも伝統的な考えでも、共同体は社会化によって「失われていく」。しかしこのような考え方をジャン＝リュック・ナンシーは否定する。

> 「共同体は社会が破壊したもの、社会が喪失したものであるどころか、社会から発して私たちに出来する何ものか――問い、期待、出来事、命令――なのである」
>
> （『無為の共同体』22頁）

ブランショは、ナンシーのこの議論を継いでいる。

4 発展の視点

ブランショの共同体論の基底には「友愛」がある。このアイディアはバタイユ（一八九七—一九六二）の共同体論を引き継いでいる。彼はブランショの生涯にも思想にも欠くべからざる人物だ。バタイユが亡くなった際、ブランショは「友愛」という文章を彼に捧げている。

「互いを隔てるもの、——人を真に関係付けるもの、関係の深淵そのもの、そこに友愛溢れる確言の、常に同じ状態に保たれた了解がある」

（「友愛」『筑摩世界文学大系82　ベケット、ブランショ』所収369頁）

そもそも「友愛」が哲学の領域でテーマとなったのは、プラトンまで遡る。だが、プラトンを批判しながら後を継いだアリストテレスの友情論が一般的だろう。「友愛」とは、善人である者同士が、「相手のために善を願い、善を為す」ことで成立する。したがって、友愛を成り立たせる者は卓越した人間でなければならない。私たちが見聞きする友情物語の多くは、同じ力量・同じ信念・同じ思想があって成立する。「凡俗は無論、悪人は友情と無縁」、こんな友情観が流通してきた。

だが、このような考え方にバタイユは異議を唱える。「友愛」は親友との間にのみ引き起こされる感情ではない。共同体はむしろ、全く通じ合うところがない人物たちとの間の「友愛」を条件とするのだ。

「この罪人に、私は恐怖と友情の絆でしっかりと繋がれていた」

（『有罪者』現代思潮新社92頁）

「友愛」は、同類・同等という関係ではなく、むしろ「互いを隔てるもの」の間に成立しなければならない。これが本来の共同体の前提となるはずだ。これは、「コミュニケーション」にも通じる。

「コミュニケーション」は、フランス語では《communication》。「共同体」は《communauté》。二つの語源は、同じラテン語《communis》（分かち合う）だ。**「コミュニケーション」は語源的にも「共同体」の鍵となる。**ブランショはこのアイディアもバタイユから受け継いでいる。

「おまえという存在者は、おまえを合成している数知れぬ要素を、それら要素間の強力な交感（コミュニケーション）と結合する作用に基底を置いている」

（『内的体験』現代思潮新社216頁）

「コミュニケーション」は一般的には「伝達」と訳されるが、バタイユの世界観では「交感」だ。**伝えるべきメッセージがなければ成立しないのが「伝達」。「交感」にはそのようなメッセージは不要。隔てられた未知の人間と交わり感じ合う。それが「友愛のコミュニケーション」だ。**

4 発展の視点

ブランショが提示する「友愛」は、「帰属」と対比させることでより明確になる。私たちの所属する会社、グループ、そして思想。確かに、帰属は私たちを安心させる。同時に、帰属意識には保守と排他が必然的に滑り込む。

このような帰属意識が、ブランショが生きた二十世紀に、二つの大きな「イズム」を生み出した。コミュニズムとファシズムだ。国家規模の帰属者を生み出し、時代を席巻した二つの「イズム」のなれの果ては、改めて確認する必要はないだろう。

そこでブランショやバタイユは思案する。共同体を考えることは帰属すべき場所を探すことではない。考えるべきは、「共同体を持たない人々の共同体」だ。

「共同体とは忘我の境に達すべきものでもなければ、その成員を高められた一体性のうちに解消すべきものでもない」

（『明かしえぬ共同体』22頁）

これからの時代に求められるのは、同胞を増やすことだろうか？　それとも、ブランショたちが教示する「友愛のコミュニケーション」だろうか？　それは未知の他人と交感することであり、未知の他人に呼びかけ続けることだ。そして、未知の自分に触れ続けることだ。

「〈私がそれに宛てて書いている者〉とは、私の知ることのできない者であり、未知の者である。そして未知の者との関係は、それが書くことによってつくられる関係であるとしても、私を死あるいは有限性へとさらけ出すが、この死の中で死を鎮める何ものも存在しない。ではその時、友愛はどうなっているか。友愛、友を持たない未知の者への友愛。あるいはまた、友愛が書くことによって共同体に呼びかけるとすれば、友愛は己自身から除外されるほかない」

（『明かしえぬ共同体』56頁）

友人たちへ向けたメッセージは、「友人」からのメッセージとして読まれてはならない。それではごまかしになってしまう。名前が記されている限り、このごまかしは免れない。友人たちは、どこの誰から届いたかもしれない無名のメッセージとして読み取らなければならないのだ。さもなければ、書き手である友人を侮辱してしまうことになる。

「共同体を持たない人々の共同体」。繋がりの希薄化と分断。それを、技術の開発が加速させている。共同体への帰属意識と郷愁は、時間稼ぎにもならないだろう。**これからの時代には、「共同体」を持てない人々との「友愛のコミュニケーション」が要求される**はずだ。

さて、この共同体論にはさらにもう一人重要な哲学者がいる。先に触れたナンシーだ。「共に生きるとは？」は、次の─4・6─で完成する。

4 発展の視点

4·6 ナンシーの視点 死

共に生きるとは？ Ⅱ

「共同体とは、その〈成員〉に、彼らが死すべき者だという真実を呈示するものにほかならない。つまり、不死の者たちの共同体などないということだ」

（『無為の共同体』以文社 29頁）

東日本大震災の大津波は、一万四千人以上の命を一瞬で呑み込んだ。中でも、石巻市立大川小学校の悲劇に心を痛めた人は多いだろう。このように、全く知らない人の死が人々との繋がりを再確認させることがある一方で、家族の死に触れる機会はますます減少している。そしてコロナ禍。これに意義があるとすれば、「死」が最も人間的なテーマであることを痛感させたことだろう。

《Tu fui, ego eris.》——短いこの一文を、ラテン語学習者ならまず覚えさせられる。日本語に訳すと「私はあなただった。あなたは私になるだろう」。これは墓碑銘と言われるもので、「死者はもともと生者だった。生者はいずれ死者になる」、こんな至極当然の意味になる。しかし、これを墓前で読むことに意義がある。同じくラテン語の《memento mori》、日本語でも「メメント・モリ」として通用するだろう。「死を想え」を意味するこの警句は、コロナ禍前から発信されていた。が、この災厄を経て、いっそうの切迫感を持つようになった。「人間とは？」の答えは多数ある。その中で、「人間は自分が死ぬことを知っている」という答えに、「共に生きる」へのヒントがある。

ブランショ（―2・4―5・4―6・6―参照）で紹介した共同体論は、バタイユ（―4・5―参照）を継承するものだ。だがこのバトンはまずジャン＝リュック・ナンシーに渡され、そしてブランショに引き継がれた。彼らの共同体論の核心部分を順に紹介しよう。

まずはバタイユから。

「人々の私的な生は、卑小さを宿命づけられている。しかし共同体は、死の強度の高みでなければ存続できない」（『有用性の限界』ちくま学芸文庫161頁）

続いてナンシー。

「共同体は他人の死のうちに開示される。共同体はそうして、常に他人へと開示されている。共同体とは、常に他人によって他人のために生起するものである。それは諸々の〈自我〉——つま

るところ不死の主体であり実体であるが――の空間ではなく、常に他人である諸々の私の空間である」（『無為の共同体』28頁）

最後にブランショ。

「共同体が他人の死によって顕現されるのは、死がそれ自体、死すべき者たちの共同体だからだ」

（『明かしえぬ共同体』ちくま学芸文庫29頁）

三人が強調することは、単純明快な事実である。それは、私たちの生が有限であること。私たちが死すべき存在であること。それを教えてくれるのは他人である。他人とは、家族であり親友であり、もちろん、赤の他人も含む。そして、共同体は、国家やイズムや自我のような、不死のもののためにあるのではない。ところで今、私たちはどのような「死」に触れているだろうか？

釈尊の弟子の一人に、ゴータミーという女性がいる。彼女は、自分の息子が一歳で死んでしまったとき、釈尊に「生き返らせてほしい」と願い出た。釈尊はゴータミーに、「ではケシの実を一粒持って来なさい。ただし、その実をもらうのは、誰も死人を出していない家からでなければならない」と伝えたそうだ。ケシの実は、どこの家にもある。しかし死者のいない家はどこにもない。ゴータミーは結局、数年費やして、ケシの実をもらえないまま釈尊の元へ戻って来た。

「共同体は社会が破壊したもの、社会が喪失したものであるどころか、社会から発して私たちに出来する何ものか――問い、期待、出来事、命令――なのである」（『無為の共同体』22頁）とは、ブランショ（一4・5一参照）でも引用したナンシーの宣明だが、共同体とはまさに、「問い、期待、出来事、命令」である。共同体は、決して、不死の何かへと帰属させるものではない。死すべきものとしての有限性が共同体の前提となる。

そんな有限性を痛感するものは、準備した死や遠ざけうる死ではない。むしろ、突然襲い来る死だ。自死、天災による死、そして災厄による死だ。**このような死にさらされるのは死んだ者ではない。生きている私たち自身だ。**私たちは、人間としてできることを自らに問い、期待し、命令する。それは「死」を介した「コミュニケーション」となる。

「〈コミュニケーションの基盤〉は必ずしも言葉ではない。［中略］それは、己を死にさらすこと、それも自分自身の死にではなく、他人の死にさらすことだ」（『明かしえぬ共同体』58頁）

死者たちからのメッセージに耳を貸す者は、新しい時代に向けて動けるはず。「死」を疎かにする者の末路は、言わずもがなだろう。

4 発展の視点

4・7 ラカンの視点 大文字の他者

無意識ってどんな世界？

「〈大文字の他者〉は、主体を騙すためにそれ自身を対象に仕立てることで、主体自身を無力にする」
（『エクリⅠ』弘文堂64頁）

「無意識に発言する」「無意識に足が向く」「無意識に違反する」など、特段の配慮もないまま、日常的に、私たちは「無意識」という言葉を使っている。辞書を引けば、「意識が無いこと」とか「自分がしていることに気づいていないこと」と書かれている。で、実際、「無意識」ってどんな世界なの？　それを読み解く「大文字の他者」って？　ジャック・ラカンの思想に触れてみよう。

ジャック・ラカンを知るには、フロイトを知らなければならない。精神分析学の創始者として知られるジグムント・フロイト。彼の同世代には、マルクス、ニーチェ、ダーウィンがいる。彼らは、西洋思想が依拠してきた土台――たとえば、「自己」「理性」「人間」「世界」「社会」など――が絶対不変なものではないことを暴いていった。最も有名なフロイトの業績の一つが、「無意識」だろう。他にも、「エディプス・コンプレックス」や「エゴ」「イド」「スーパーエゴ」など、耳に馴染んだ用語も多い。フロイトは、患者たちのヒステリーやトラウマなどの治療を通して、「無意識」の存在を確信し、徹底的に研究した。こうして、精神分析という新しい療法と思想を確立させた。

「フロイトに帰れ」をモットーとするラカンの思想には、もう一人重要な人物がいる。ソシュール（―1・2―2・6―4・1―参照）だ。ソシュールの言語論は、そのままラカンの無意識論に活かされる。つまり、**「無意識は言語によって構造化されている」**のだ。

言語による無意識の構造化を解明する視点も数多くあるが、その一つが「大文字の他者」だ。「大文字の他者」とは何とも奇怪な用語だが、フランス語ではただ«l'Autre»と書かれる。つまり、「他人」を意味する«autre»が、定冠詞付きの大文字始まりになっているだけだ。これによって、当然、小文字から始まる«l'autre»と区別されることになり、こちらは便宜的に、「小文字の他者」と日本語訳される。なぜ、このような使い分けをしたのか？　そこに「無意識」が関わる。ラカンは、現実的な個人としての他者を「小文字の他者」として、「無意識」から現実の私たちを支配する他者を「大文字の他者」として、私たちに提示する。

4 発展の視点

とはいえ、通り一遍のこの説明で、「大文字の他者」の何たるかは伝わらないだろう。問題は、ラカンの専門が精神分析という、私たちには「非日常」の領域にあることだ。どれほど異なる時代背景であろうが、ソクラテスの哲学対話やモンテーニュ（一2・1一参照）の懐疑は、私たちの日常と触れ合っている。ラカンの難解さの一つは、精神分析に関する体験を読み手が欠いていることに由来するだろう。そこでジジェク*の力を借りるとする。

『スラヴォイ・ジジェクによる倒錯的映画ガイド』なるドキュメンタリー映画がある。ジジェクが、『マトリックス』『鳥』『エクソシスト』『エイリアン』など、映画史に名を刻む大作に隠されたイデオロギーを暴いていくものだ。ラカンの正統後継者に師事し、「現実界・象徴界・想像界」「大文字の他者」「鏡像段階」など、難解極まりない概念で構成されるラカン哲学を、映画やオペラなどの文化の読解に応用し、現代思想の寵児となった。

彼は、「大文字の他者」に関するこんなエピソードを私たちに紹介している。

「もう何十年も前からラカン派の間では、〈大文字の他者〉の知が持つ重要な役割を例証する古典的ジョークが流布している。自分を穀物のタネだと思い込んでいる男が精神病院に連れてこられる。医師たちは彼に、彼がタネではなく人間であることを懸命に納得させようとする。彼は治癒し、退院するが、すぐに震えながら病院に戻ってくる。外にニワトリがいて、彼は自分が食われてしまうのではないかと恐怖

---

* スロヴェニア出身の哲学者で精神分析家（1949～）

に震えている。医師は言う。『ねえ、君、自分がタネじゃなくて人間だということをよく知っているだろ？』患者は答える。『もちろん私は知っていますよ。でも、ニワトリはそれを知っているでしょうか？』ここに精神分析治療の真の核がある」

（『ラカンはこう読め！』紀伊國屋書店161頁）

「私は知っている。しかしニワトリがそれを知っているか？」ここに、私たちを無意識から支配する「大文字の他者」の力が現れる。「大文字の他者」が言語活動の産物である証左でもある。もし、ニワトリに言葉が通じたら、「あなたは、私がタネでないことを知っていますか？」と尋ねることができる。そうすれば「タネ」から解放されるだろう。しかし、「大文字の他者」は、無意識に、言語を利用して、主体の対象にすり替わってしまう。ということは、この患者は、意識として「人間であること」を理解しても、無意識では「タネであること」を欲望しているのだ。

さて、**現実に今、「自分が欲望すること」が、実は、無意識から隠然と私たちを支配する「大文字の他者が欲望していること」だとしたら？** 私たちが言語活動をする限り、「大文字の他者」から逃れることはできない。この問題を、「神経症者の日常」とするか、「非神経症者の非日常」とするか。昨今のインターネットメディア内では、「大文字の他者」が魑魅魍魎化している印象を受ける。もはや誰もが神経症者なのかもしれない。

4・8 自己

ボーヴォワールの視点

「自分らしく」は何を意味するか?

「人間は自らの真実のなかにいる。だがこの真実は、絶えず開始され絶えず停止される闘争の真実であり、一刻も休まず自己を乗り越えることを人間に要求する」

(『第二の性Ⅰ(事実と神話)』新潮文庫295頁)

「自分探し」。自分の天職だったり、自分の使命だったり、あるいは本当の自分だったり。そんなものを求める心理だ。一時期流行したこのフレーズも、ようやく最近、「自分探しはNG」というフェーズに入ったようだ。だが、「自分らしく」は相変わらず人気がある。「ありのままに」はさらに高い人気を保っている。が、「自分らしく・ありのまま? そんなものは超越していけ!」と激励するのが、女性哲学者ボーヴォワールだ。

＊　ボーヴォワールら実存の哲学者たちの活動拠点となった1887年創業のパリのカフェ

「人は女に生まれるのではない、女になるのだ」。シモーヌ・ド・ボーヴォワールの主著『第二の性』と言えば、このフレーズだ。彼女の紹介にこの一節を欠くことはないだろう。このフレーズを旗頭にした女性解放運動の牽引者というイメージが強いボーヴォワール。『サルトルとボーヴォワール　哲学と愛』という映画がある。サルトル役は、醜男を自認するサルトルとはかけ離れた美男子（ロラン・ドイチェ）。だがボーヴォワールは本作品の女優（アナ・ムグラリス）に勝るとも劣らない美人だ。日本語訳ではサルトルによりスポットライトが当てられているように受け取られるが、内容自体は「ボーヴォワールとサルトル」になるだろう。ちなみに原題は« Les Amants du Flore »、「フロール*の恋人たち」だ。

「人は女に生まれるのではない、女になるのだ」は、『第二の性』で次のように解説されている。

「〈女らしい〉女の基本的特徴と見なされる受動性は、ごく幼い頃から、女の中で培われる特徴なのだ。しかしそれを生物学的条件であると主張するのは間違いである。実際にはそれは教育に当たる者たちや社会から押しつけられる運命なのだ」

（『第二の性Ⅱ体験（上）』33頁）

現代の重要テーマの一つ「ジェンダー」はここから始まる。「セックス」は生物学的条件であり、

4 発展の視点

「ジェンダー」は「社会から押しつけられる運命」だ。この理論が「ボーヴォワール＝フェミニスト」という紋切り型の拠りどころだが、彼女はフェミニストでもないし、反フェミニストでもない。何よりも実存の哲学者なのだ。彼女は女性解放を先導するのではなく、女たちを揺さぶり目覚めさせるだけだ。それは同時に、知性ある男たちを動揺させることにもなる。

ボーヴォワールとサルトルには、その関係から推測できるように共有概念が多い（━3・3 状況━━4・2 自由━━5・2 投企━など）。まさに切っても切れない二人ではあるが、哲学的視点やメッセージの重みに性差が現れるのは自然なことだろう。女性の社会的状況や結婚などの男女関係への洞察力は当代随一。その例が「自己疎外」や「所有」だ。女性であるボーヴォワールにとって、**「自己疎外」は社会が要請する女の「疎外」であり、「所有」は男による女の「所有」である。**「自己疎外」とは、自己以外のもの、つまり女にとっては男に隷属することだ。このような隷属を自ら望む女はほとんどいないだろう。だが、社会は、無自覚に女をモノ化させてしまう。**女が自由を望むとき、「女」を捨てなければならない。これが『第二の性』の核心だ。**

「女らしさ」があれば「男らしさ」もある。だが、「〈女〉一般を語るのは、永遠の〈男〉を語るのと同じように無意味」（『第二の性Ⅱ体験（下）』276頁）なのだ。そして二つの「らしさ」は、「自分らしさ」や「人間らしさ」に結びつく。『第二の性』の大半は「女」の解明に充てられる。しかし、要所要所で彼女は視点を女から人間に戻す。人間の定義を彼女の著作から引用しよう。

「人間は二つの方法で世界に現存している。人間はモノである。他人の超越性に追い越される与件だ。そしてまた人間は、自分自身が未来に向かって身を投げる超越性でもある」

（『人間について』新潮文庫 71頁）

人間が人間であるには、自己の自由から逃げず、絶えず自己を超えていかなければならない。哲学内での「超越」には様々な意味があるが、実存の哲学においては「自己を超えていくこと」を意味する。「超越」とセットの概念が「内在」であり、こちらはモノ化してしまった自己に留まっていることだ。私たちが女であるにせよ、男であるにせよ、「らしさ」という安定に留まる限り自己実現はおぼつかない。サルトルでも紹介したが、不安は自由の証なのだ。

「人間は不安を通じて自分が遺棄されたと感じる。自分の自由、主体性から逃れて［中略］モノとして固定されたいと思うのだ」

（『第二の性Ⅱ体験（上）』14頁）

常に自己を超越し続ける人間にのみ、自己について語ることが許される。そして自己なるものは、先んじて求められはしない。後になってようやくわかるのだ。

4 発展の視点

さて、ボーヴォワールの叱咤によって全ての女が覚醒したら？　事態は反転する。つまり、男のほうが女に依存するようになるだろう。しかしそれは、一方的なラブコールに止まる依存だ。真に憐れなるは男のほうだ。

「女は、男が肉体的に所有できる、自分とは異なる姿をした自分自身の神格化であるから、男にとって最高の褒賞なのだ」

（『第二の性Ｉ（事実と神話）』３７８頁）

いずれ、女たちが自己超越する時代になるだろう。そのとき、男たちは何を所有できるだろうか。「神格化した女」を、生身の人間ではなく「モノ」に見出す男たち。彼らははたしてどのように自己を超越して行くだろうか？

「独りで自己を実現できない人間は、同類との関係において絶えず危機的状態にある」

（『第二の性Ｉ（事実と神話）』２９６頁）

もしかしたら、いずれどこかで男向けの『第二の性』が希求されるかもしれない。

COLUMN

リクールが見た未来

アイデンティティの受苦

今どき、身分証明書がなければ、海外には行けないし、各種申請もできない。学校にだって行けはしない。そして「マイナンバーカード」なるものも誕生した。もしかして近い将来、「安全社会」の名目で、バーコードのようなものが私たちの身体に埋め込まれてしまうかもしれない。それで、私たちの行動や思想が管理操作される？　実際、家畜はそうなっている。そうなったら、私たちのアイデンティティってどうなるの？

「まあ、万に一つ、そうなったとしても問題ないでしょう」と、ポール・リクールなら答えるはずだ。そもそも「私」という主体は脆《もろ》さを孕《はら》んでいるのだ、と。

ポール・リクール。ドイツの哲学者ハンス・ゲオルク・ガダマーと共に解釈学の二大巨頭として知られる。ガブリエル・マルセル（―1・7――6・7―参照）とカール・ヤスパース＊1から実存の哲学、フッサールから現象学を吸収し、さらに独自の解釈学へと昇華させた。主著の一つ『時間と物語』では、時間と物語の循環的関係が分析される。ここで紹介する『他者のような自己自身』は、「自己練磨」の奥義とも言える「自己の解釈学」の本である。

そもそも、「アイデンティティ」がなぜ求められるのか？

「自己同一性の二つのモデルの区別という導きの糸がなくなれば、人格的自己同一性の問題は、難問と逆説の迷路にはまりこんでしまうだろう」

（『他者のような自己自身』法政大学出版局160頁）

「アイデンティティ」、つまり「自己同一性」は、「自己性」と「同一性」に分けられる。この「二つのモデル」の混乱が、「アイデンティティ」問題を八方塞がりに追い込む。

この二分類は、「私は誰？」という問いと、「私は何？」という問いに対応する。「同一性」とは、「私は何？」に答えるもの。たとえば、身分証明書に記載された事項で、形式上の恒常性だ。

一方で、「私は誰？」に答えるものが「自己性」だ。この「誰か？」という側面は、常に懐疑にさらされている。なぜなら、私たちは時々刻々変化する状況の中にいるからだ。その中

＊1　ハイデッガーと並び、実存哲学を代表するドイツの哲学者（1883～1969）
＊2　その空気感は、『〈対話〉マルセルとリクール』でうかがえる

で、「私」という行為者も変化を余儀なくされる。「昨日の私は今日の私なのだろうか？ 会社での私は、家での私と同じだろうか？」

だが、このような懐疑の否定的作用に押し潰されてはならない。むしろ、絶えず浮上するこの懐疑があるからこそ、その「都度」、私たちは行動を新たにしうる。こうして、「私は誰であるかを証明できるのだ。誰に対して証明するのか？「他者」に対してだ。

リクールは、ガブリエル・マルセルが自宅で開いていた哲学サロンに参加していた。*2 したがって、二人が共有するテーマも多い。「約束」と「誠実さ」もその一つだ。何よりもまず、「私が誠実であろうとするのは他者に対してである」とリクールは主張する。この「誠実さ」とは、他者との約束を裏切らないようにすることだ。そして、このような「誠実さ」は、「受苦する他者」との関わりにおいて際立つ。

「人間は、行動しかつ受苦する。［中略］苦しみは、自己の完全性に対する侵害と感じられるような行動可能性の縮小や廃棄によって定義される。［中略］他者の苦しみを分かち合う共感において、当初は他者の行動力よりも強い行動力を持つ自己は、受苦する他者がお返しとして与えるものに影響される」

（『他者のような自己自身』244―245頁）

4 発展の視点

「私は誰？」への答えは、「私がやる！」という積極的側面だけで成立するものではない。この側面だけでは、結局は、「難問と逆説の迷路にはまり込んでしまう」。「なぜ私なのか？」が不可欠なのだ。この問いに答えるのが、「受苦する他者」からの受動性。つまり、「私が苦しみを聞いたから」、これが答えとなる。「私」を行動へと促す他者の苦しみを組み込むことで、「私は誰？」は迷路から抜け出せるのだ。

一九四頁の引用では、「自己同一性の二つのモデルの区別という導きの糸がなくなれば」の直後に続く説明を、敢えて外していた。その説明とは、「物語の媒介という助けがなかったら」だ。

「物語」は「受苦する他者」の声を聞くことから始まる。「桃太郎」しかり「浦島太郎」しかり。無論、「物語」の主人公は、私たち一人一人だ。始まりは「受け身」だ。が、その声を受け取り、行動に移すところで、百八十度転回する。

決して主人公は「やらされた」のではない。自ら進んで、「私がやる」と名乗り出るのだ。そして、主人公は「約束」を果たそうと艱難辛苦《かんなんしんく》を乗り越えていく。「物語」を通して、状況に応じて変化しながらもなお、交わした「約束」に誠実な自己であることを、私たちは他者に対して証明し続けなければならない。

身分証明書のような「同一性」による「アイデンティティ」では、それがどれほど精密だろうが、それがどこにあろうが、「私は誰?」に答えられないだろう。より重要なのは、「物語」を通して開示される「自己性」による「アイデンティティ」だ。これをリクールは、「物語的自己同一性」と概念化する。

身分証明書によって結婚相手を選べるか? 身分証明書によって結婚の誓約はできるか? 否。それは「私は誰?」を物語ることによって成立する。結婚の誓いはその日から永続するのだ。

さて、「物語」にはもう一つ別の機能がある。それはリオタール―5・コラム アリ人間の悲惨さ―で明らかになる。

4 発展の視点

再生の視点

5

「時代は何を要請しているのか？」

まだその問いかけが見えていない。

「人間とは？」への答えが出ていない。

時代の声を聞き、人間をリバイバル
させるのに役立つ視点。

5・1

メルロ＝ポンティの視点

眼差し

どこ見てんのよ？

「〈画家〉と〈見えるもの〉との間で、不可避的に役割が顛倒する。その故にこそ、多くの画家は物が彼らを眼差していると言ったのだ。［中略］もはや何が見て、何が見られているのか、何が描き、何が描かれているのか分からなくなるほど見分けにくい能動と受動とが存在のうちにはある」

（『眼と精神』みすず書房266頁）

「どこ見てんのよ?」。日本人としてはすんなり受け入れたこのフレーズ。でもなんかモヤモヤする。このモヤモヤの原因に、外国の友人と話をしていて気づかされた。「見る」は本来、「何か」を見ているはず。「どこ」がおかしいのだ。確かに、映画『プリティ・ウーマン』の主人公ヴィヴィアンは、《What are you looking at ?》と言っている。《Where》ではなく、《What》。文法的には、「何見てんのよ?」が正しいはずだ。が、これはこれでモヤモヤする。「どこ?」なのか「何?」なのか。
メルロ=ポンティの「眼差し」論でスッキリさせたい。

「ミュラー・リアーの錯視」という、有名な問題がある。ドイツの心理学者フランツ・カール・ミュラー・リアーが考案したもので、多くの人が一度は目にしているだろう。

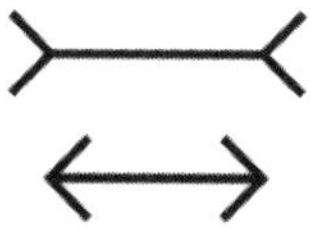

「錯視」が問題になっているだけあって、「本当の長さは?」へと答えが矯正される。確かに、客観的に見れば上下どちらの直線も同じ長さだ。
しかし、メルロ=ポンティは、「客観的に見れば」とか「本当は」という意味よりもむしろ、上の線のほうが長く見えてしまう経験を重視する。

「ミュラー・リアーの錯視において、二つの直線部分は同等でも不等でもない。このような二者択一が課せられるのは客観的世界の中に過ぎない。視野というものは、相矛盾した概念が交叉する独特な環境であって、視野の中では比較可能となるような客観的存在の地平には規定されておらず、むしろ、あたかもそれらが同一の世界には所属していないかのように、それぞれ別個のコンテクストの中で捉えられているからである」

(『知覚の現象学1』みすず書房34頁)

5 再生の視点

「それぞれが別個のコンテクストの中で捉えられる」を、私たちは日々実感しているはずだ。視覚が捉える景色というものは写真の中の景色とは違う。その地点にどのような身体があるかによって、見える景色は全く異なる。たとえそれが「私」の「身体」であっても、悲しいときと嬉しいときとでは、世界の姿は全く違って見られるだろう。

表情を持つ世界。常に変化する世界。**見ることは、世界と関係を結び、世界を変えていくことだ。**このような表現者として、メルロ＝ポンティは画家に注目する。

「画家の眼差しは、物を突如存在せしめるには、光や明るさが眼差しに対してどうなっていればよいのかを、光や明るさに尋ねる。世界というこの不思議なものを組み立て、〈見えるもの〉を私たちに見させるには、物がどうなっていればよいかを物に尋ねる」

（『眼と精神』みすず書房２６５頁）

ユルゲン・ハーバーマス*に倣い、哲学者たちを二種類に分けてみよう。一方には、聴覚を基点にし、「ロゴス（神の言葉）」に耳を傾ける哲学者たち。もう一方に、視覚を通して「世界の姿」に注目する哲学者たちだ。

さて、メルロ＝ポンティは後者の筆頭、彼ほど視覚についての考察を深めた哲学者はいないだ

＊　ドイツを代表する現代の哲学者（1929〜）

ろう。そんな彼が最も頼りにする画家が、セザンヌだ。リンゴとオレンジを特に静物として好んだセザンヌ。彼の画法の特長と言えば、一枚の絵に潜む複数の視点と、輪郭だろう。至極明快なメルロ＝ポンティによる説明があるので、少々長くなるが、そのまま引用しよう。

「オブジェの輪郭は、オブジェをかたどる線として描かれるが、これは見える世界のものではなく、幾何学の線である。リンゴの輪郭を一本の線で描いたとすると、これによって一つのオブジェを作り出すことになるが、この線が理想的な限界となり、リンゴの様々な面はこの線に向かって奥行き方向に逃げていく。〔中略〕一本だけの輪郭を描くことは、奥行きを犠牲にすること、すなわち私たちがオブジェに与える次元を犠牲にすることになる。この次元は、私たちの目の前に展開されたものではなく、汲み尽くすことのできない現実であり、汲み尽くすべきものが豊かに保存されたものなのである。セザンヌが色調を調整しながら、事物の膨らみを追いかけながら、いくつかの青い輪郭線で、複数の輪郭を描くのはそのためである。一つの点から別の点へ移動する眼差しは、これらの複数の輪郭から生まれつつある一つの輪郭を捉えるのである」

（『メルロ＝ポンティ・コレクション「セザンヌの疑い」』ちくま学芸文庫251―252頁）

5 再生の視点

輪郭というものは、私たちが見取る世界の姿を秩序に従ってカンヴァスに定着させる。しかし、このような秩序を、しばしば私たちは実在の世界だと思い込んでしまう。セザンヌは機械的な秩序を避け、私たちが実際に知覚している世界の姿を絵筆によって描こうとした。同じように、メルロ＝ポンティは、セザンヌが絵筆でしたことをペンで明らかにしようとしたのだ。**眼差しとは写真機のように世界を「写し取る」ことではない。私たち人間は、眼差しの力によって世界を独特の姿で意味づけしていく。**メルロ＝ポンティにとって、哲学することは芸術的行為なのだ。

さて、セザンヌは私たちに、「自然との関係は、表面にではなく奥行きにある」と教えている。だが、このような「奥行き」は物体そのものに備わっているものではない。なぜ「奥行き」が生まれるのか？　眼差すことは、必然的に、その物体と「奥行き」の関係を結ぶことだからだ。

「奥行きは私の眼差しのもとで生まれる。なぜなら、私の眼差しは何か或るものを見ようとするからである」

（『知覚の現象学2』みすず書房88頁）

たとえば、部屋の天井の隅を見てみよう。それを私たちは直角として知覚する。だが、写真に撮って測ってみれば、そこは百四十度くらいになるだろう。「錯視」を指摘する者ならば、「そこ

は直角である」と修正を強いるだろう。だが、このような訂正は間違っている。そこは、「奥行きにおいて」直角なのだ。

「何か、あるものを見ようとする」ということは、私たちの「眼差し」が何かに向かっていることだ。するとやはり、「どこ見てるの？」のほうに真実味があるだろう。私たちの「眼差し」が何かに向かうことはすなわち、私たちの身体が世界に対して常に開かれていることでもある。言い換えれば、**私たちは世界を見ながら世界に見られているのだ。**人間のこのような実存的事実を、画家たちは極めて明確に、「物が自分を眼差している」と表現したのだ。

さて、「眼差し」の視点は、ビジネスだけでなく、教育や政治などあらゆるジャンルに応用できるだろう。「私は何を見ているのか？」と問うことは、輪郭を持った秩序として世界を把握することだ。これはこれで有意義。意思疎通も交通整理もあらゆる規約も、このような秩序がもたらすものだ。

一方、「私はどこを見ているのか？」はどうだろう。確かに、この問いかけへの応答には困難が伴う。セザンヌのように、輪郭を崩し、かつ複数の視点で世界を表現しなければならないだろう。だが、たとえ平面的にしか表現できなくても、「眼差し」はしっかり「奥行き」も見ている。**「眼差し」には世界を変える力が備わっているのだ。**未来もまた、「奥行き」の一つだろう。

5 再生の視点

5・2

サルトルの視点 投企

人間に未来はあるのか？

「一つの未来を到来させ、この未来が私たちの過去に一つの意味を付与することによって、私たちがなんであるかを、私たち自身に告げる」

（『存在と無Ⅲ』ちくま学芸文庫99頁）

地球に未来はあるだろうか？　あるいは、人間の未来は？　ゴミ、貧富、ＡＩ、ウイルス。悲観的要素を挙げればキリがない。だが、指をくわえて悲劇の到来を待っていては、間抜けの極みだろう。一体、未来とは誰の未来なのか。未来に「私」がいるかは誰もわからない。しかし、未来が現在の私たちの一つ一つの選択の先にあることは、誰もがわきまえている。そこで「投企」という視点が不可欠になる。

「投企」はフランス語で《projet》となる。この単語は「企て」を意味するが、サルトルは敢えて《pro-jet》と綴ることがある。《pro》を強調しているのだ。この接頭語は「前へ投げる」を意味する。したがって、**投企とは、未来へ一身を投げ入れることなのだ。**

「人間は自らつくるところのもの以外のなにものでもない」（『実存主義とは何か？』人文書院42頁）が示すように、人間は常に自由である。どのように自分をつくっていくかを決めることができるのが人間だ。**自由であるとは未来に開かれているということだ。**一方でモノには未来がない。時間による変化を意識することもできない。**「私は自由である」は、サルトルにとって「私は未来である」と同義である。**私という人間は、最初は何者でもないが、未来への投企によって自らつくるものになるのだ。

「一身を投げ入れる」ことに、恐怖や不安を感じない人はいないだろう。だが、これこそ未来に開かれているということだ。つまり**「自由である」とは「不安から抜け出せない」こと**なのだ。「何の不安も憂いもない」人をサルトルは断罪するだろう。彼らはモノ化しているのだ。不安から解放されたいという気持ちは誰にでも生じうる。しかし、不安こそ自由の証だとしたら？

「人間が自分の自由を意識するのは、不安においてである」

（『存在と無Ⅰ』ちくま学芸文庫131頁）

過去に依存し現在に埋没し、投企しない人たちをサルトルは「自己欺瞞」と指弾する。これは自分自身に嘘をつくことだ。人間であることから逃げ、未来を棄権し、モノとして安定してしまうことだ。大きな災厄を経験してなお、既存の習慣や権利に固守することはモノと化すことだ。

「作家は抽象的な永遠の栄光、絶対への空虚で不可能な夢に対し、限定された具体的な持続を対立させる。〔中略〕人間のあらゆる企ては、一定の未来を描くのだ」
（『文学とは何か』人文書院147頁）

サルトルの表現活動は、哲学、小説、戯曲に止まらない。彼の発言は政治面でも大きな影響力を持っていた。たとえば、アルジェリア戦争*のときには、「アルジェリア民族解放戦線」が正義であるとの立場を表明している。

その後、サルトルはマルキシズムとコミュニズムに傾倒していき、盟友だったカミュやメルロ=ポンティと大ゲンカし、絶縁状態になる。サルトル後期の思想の可否をここで問うべきではない。付言すれば、メルロ=ポンティらの姿勢が妥当だったことは、歴史が証明している。しかし、サルトルら三人の発言や行為は各々の「投企」である。各々が未来を憂うからこそ、本気のケンカになったのだ。

* フランスの植民地だったアルジェリアで起こった独立戦争。1954年から始まり、1962年にアルジェリアの独立が絶対多数で採決され、戦争は終結する

「私という人間」を知るには過去を見てはならない。過去の栄光など人間をモノ化してしまうワナでしかない。「一つの未来を到来させる」ことによって、ようやく後からそれを知ることができる。

人類はこれまで多くの災害を乗り越えてきた。その都度、「未来が見えていない」という状況を、「未来が決定されていない」という積極的な意味に逆転してきたのだ。既存の体制が覆されてしまう状況下だからこそ、見えている選択肢より、見えていない選択肢、あるいは忘れてしまった選択肢を再生することもできるだろう。「投企」という緊張感のある行為は、状況の変化を見据えるものだ。

予測不可能ということは、私たちの「投企」が試されているということだ。もしかしたら、生活全般をＡＩが管理する世界になるかもしれない。そこに人間はいるだろうか？　あるいは、私たちは未来の人間を守れるだろうか？

流行の「今ここ」を使ってみよう。私たちの未来は、私たちの「今ここ」にかかっている。「今ここ」は目を瞑って現在に安座することではない。見えない未来へ自分を投げ込んで行く、極めて動的な姿勢だ。このような精神をサルトルは「高邁さ」と表現する。私たちは「高邁さ」で呼応するのだ。続きは―6・4―で。

5 再生の視点

5・3
バルトの視点
作者の死

これを書いたのは誰？

「われわれは今や知っているが、テクストとは、一列に並んだ語から成り立ち、唯一のいわば神学的な意味（つまり「作家＝神の〈メッセージ〉ということになろう）を出現させるものではない。テクストとは多次元の空間であって、そこではさまざまなエクリチュールが、結びつき、異議をとなえあい、そのどれもが起源となることはない。テクストとは、無数にある文化の中心からやって来た引用の織物である」

（『物語の構造分析』みすず書房85―86頁）

「こんなの書いたの、誰？」「あ、自分か！」という経験はないだろうか？　若いときに書いた青くさい日記。いざ読み返しても、自分の言葉や自分の気持ちが、全然伝わってこない！「いや、ほんと、これ自分ですか？」なんて、別人に出会う気持ちになる。たった数年前に提出した論文は、何のために書いたのか思い出せない。ラブレターなんて、「いや決して、これ書いたの、自分ではありませんから！」と思わず顔を背けたくなる。私たちはこれまで書いた自分の言葉の責任をとれるだろうか？　バルトの「作者の死」を手掛かりにしてみよう。

ロラン・バルトは一九一五年に生まれ、一九五三年に『零度のエクリチュール』を出版し、晩年の一九八〇年までに、文学、大衆文化、広告などについて多くのエッセイを執筆した。現在、バルトは大学の哲学科よりも文学科に代表される、カルチュラル・スタディーズ、映像論、表象文化論と関わる学科で研究されている。本物の哲学者ではないかもしれないが、彼の思想は人文系の研究に大きく貢献した。

時代と作品によってバルトの切り口は大きく変わるが、記号学（セミオロジー）、つまりある文化に隠れている記号の意味を探るという点は、どのテキストにも一貫している。

バルトは文学や文化を分析するために生涯を費やしたが、同じ領域にある他の研究には関心を持っていなかったようだ。そのため、フランスの大学に属す研究者たちには不評だった。ただ、このようなことは、フランスでは珍しいことではない。

実際、フーコーやドゥルーズやデリダは、アメリカなど世界中で人気だったが、フランスのインテリに最初は無視されていた。デリダは、毎年アメリカへ渡り、当地の大学で教えていた。影響力がある著作は、大学教授ではなく思想家として書かれている。日本も同様だろう。東浩紀の『動物化するポストモダン オタクから見た日本社会』は、フランス語や英語など様々な外国語に翻訳され、引用されている。一方で日本の大学教授が書いたものは、残念ながら、一部を除いて無視されている。

バルト自身は海外を飛び回って講演するよりパリに残ることを好んでいたが、アメリカや日本の研究者たちのラブコールがなければ、これほど注目されなかっただろう。

バルトには、文学についての論考が多い。たとえば、「現実効果」の概念を用いて、フロベールをはじめとする様々な文学作品の文体について考察しているが、残念ながら、バルトの視点の多くは、文学に関わる学生や研究者以外にはあまり注目されていない。しかし、「作者の死」は広く役に立つだろう。この視点によって、バルトは文学研究の常識を覆した。

伝統的に文学研究は、作品に込められた作者の考え方を理解しようとするものだった。学校で文学作品を読む際も、作者が私たちに何を伝えようとしているかが問われる。メディアでのインタビューでも、作者は「この作品で何を伝えたかったか？」と聞かれる。しかし、このアプローチには、大きな弱点がある。

各作品には一つのメッセージしかないのだろうか？　そんなメッセージを、作家は十全に意図しているのだろうか？　そして、全ての読者は同じ理解をするだろうか？

そもそも文章には、二つ以上の意味が含まれている可能性がある。日常会話の発言にすら複数の想いが込められる。文学作品は、より複雑で多義的であるはずだ。作家自身が自分の文を完璧に理解していないこともあるのだ。

当然、作家の思考や関心は変化する。たまたま作品群に統一性を見出せたとしても、それはたまたまのことであって、決して作家自身が意図した統一性ではないはずだ。「作者の死」によって、「作者」はこんなプレッシャーから解放される。そして、伝統的な文学論では「作者」の付属品だった「読者」が、「作者」と同じレベルに引き上げられる。**「作者」から離れてようやく、「読者」は自由な読書ができる**のだ。こうして、**「作者」が思いもつかなかった意味が「読者」から提案されるようになる。**

「自分の作品には、こんな正しい読み方がある」。なんて聞かされたら、作家たちも面食らうだろう。「作者」たちをこのような「正しい読み」という足枷から解放させるのは、「読者」でしかない。無論、「作者」は自分でもありうるし、「読者」には未来の自分も含まれている。臍《ほぞ》を噛もうが、鳥肌が立とうが、顔から火が出ようが、「作者」をしっかり成仏させることで初めて、未来は軽やかで健やかなものになるのだ。

5・4 バタイユの視点 エロス

なぜアダルトビデオに芸術性がないのか？

「エロティシズムの土台は、性活動である。ところで、この性活動は、禁止の攻撃のもとに倒れる。愛の行為をすることは、とんでもない！　のであり、禁止されるのだ！　ひそかに行うのでない限り……」

（『エロスの涙』ちくま学芸文庫88頁）

「見てはいけない」ものがある。主に性や暴力に関わるものだ。当然、「禁止」にはしかるべき理由がある。だが一方で、「禁止」は「侵犯」の動機にもなってしまう。「禁止」の問題に「エロス」の視点から挑んだのが、バタイユだ。

しばしば同じ文脈で使われる言葉に「ポルノ」がある。「エロス」と「ポルノ」はどのように違うだろうか。「ポルノ」は「ポルノグラフィ」の略語である。これはギリシア語の《pornographos》に由来し、売春婦の行為に関する絵や文のことだ。そして現在、ポルノは「性的興奮を起こさせる動画や写真、絵画など」を意味している。

一方の「エロス」は、本来、ギリシア神話に登場する神だ。しかも、ゼウスやアテネなどのオリュンポス十二神に先立つ神であり、世界の始まりから存在したとされる、抜きん出た力を持つ崇高な神だ。

「ポルノ」は性行為の体験がなくても成立する。しかし「エロス」は体験抜きに語れない。二十代半ば、男盛りのバタイユは、パリ最大の娼婦街であるサン＝ドニで放蕩三昧の生活を送っている。こんな退廃的な生活の背景には、バタイユの幼少年期が影響している。

バタイユの父親は梅毒患者で、彼が生まれたときにはすでに全盲になっていた。当時、梅毒は死病の一つ。ほどなく身体も動かなくなってしまう。こんな父親の介護を課せられた少年バタイユは、成人してからもこの不浄不潔の記憶と対決しなければならなくなる。こうして、バタイユは、聖なるものを求めサン＝ドニに入り浸るわけだ……。

さて、あなたにとって「エロスの体験」はどのようなものだろうか。

5 再生の視点

「エロティシズムは、濫費が獲得に対立するように、通常のふるまいに対立する。もし私たちが理性に応じてふるまうとすれば、私たちは自分の資源や知識や権力を増大させるよう努めることになる。〔中略〕ところが性的な熱狂の瞬間には、私たちは計算せずに諸力を消尽し、著しい量のエネルギーを無際限に、なんの利益もなしに消失する」

（『エロティシズムの歴史』ちくま学芸文庫246頁）

「見てはいけない」を理性的に上手にやりくりすれば、ビジネスになる。禁止は常に「いかに禁を破るか」とセットなのだ。ポルノはその手段を提供する。

一方のエロスは決してビジネスにならない。なぜなら、エロスとは「エネルギーをなんの利益もなしに消失する」ことだからだ。これは動物たちの性行為と同等の、生命の営みである。性行為をビジネスにするには、それを生命の営みと切り離さなければならない。生命の営みとは、自らに内在する力の高まりが可能にするものだ、とバタイユは力説する。エロスとは、発散では決してなく、高ぶる力の横溢《おういつ》なのだ。

ビジネスから切り離された高ぶる力の横溢。その一つに芸術がある。芸術は生産を主目的としない。「こうすれば売れる」という算盤勘定は芸術性と反目するのだ。己に内在する力の湧出を通して、生命というレベルでの交流をする、それが芸術。そして、エロスと芸術は合致する。

エロスの視点から世界を見ることは、実にスリリングなことだ。禁止の先に「何があるか」、確かに好奇心をそそる。しかし、「何があるか」ではなく「誰が見るか」が問題になるのだ。「何が見えるか」は、見たものにしかわからないのだ。無論、「誰が」は「私が」でなければならない。「あなたが見たいものを見せましょう」と出されたものを見るのでは性欲の充足になってしまう。これではエロスは消滅してしまう。力が沸々と沸き立ち噴き出すところに、エロスは降臨する。

5 再生の視点

5·5 ベルクソンの視点 イマージュ

「何でも見える鏡」があったら何を見る？

「あらゆるイマージュの真ん中に、私が私の身体と呼ぶところのイマージュがある。このイマージュの潜在的な作用は、それを取り囲む諸イマージュのそれ自身への見かけ上の反射によって翻訳される」

（『物質と記憶』ちくま学芸文庫55頁）

『何でも見える鏡』というイェジィ・フィツォフスキ*の絵本がある。フィツォフスキが集めたジプシー民話集の中の一つの物語だ。そのタイトル通り、「何でも見える鏡」を持っている一人のお姫様の話だ。「何でも見える鏡」の同類は、「魔法の鏡」としてグリム童話『白雪姫』にも登場する。全ての「何でも見える鏡」には一つ共通点がある。どの「鏡」も、真実を映し出すのだ。さて、そんな「鏡」があったら、何を見るだろうか？　答えの前に、ベルクソンの「イマージュ」

＊　ポーランドの詩人で作家（1924～2006）

に触れてみよう。

冒頭の引用には大きな障害があるだろう。「イマージュ」だ。ベルクソンの数ある視点の中でも最難関の一つだ。それだけにいっそう、身につけられたら貴重な視点だ。「イマージュ」なるものの説明に先立ち、『物質と記憶』の初っ端で、ベルクソンは一つの「哲学の姿勢」を伝授する。「**しばらくの間、私たちは、物質の諸理論と精神の諸理論について、［中略］何も知らないフリをしてみよう**」（『物質と記憶』8頁）――このフレーズから、ベルクソンは物質と精神に関する論考をしようとしていることが窺える。だがそれに関する議論を、いったん「知らないフリをしよう」と勧める。これはつまり、自分自身に立ち戻ってみようということだ。

「**自分が何を見ているか？　自分が何を感じているか？　自分が何に触れているか？**」**ここが哲学の始まりとなる。哲学議論から離れ、自分の感覚を確かめることだ。**「私は数々のイマージュと直面している」ことがわかってくる。そして、「**イマージュとは、私が感覚を開けば知覚され、閉じれば知覚されなくなるような最も漠然とした意味でのイマージュである**」（『物質と記憶』8頁）

「イマージュ」はフランス語で《image》。英語でも《image》。「イメージ」だ。これは日常用語で、フランス語話者にとっても、特別な用語ではないから、ベルクソンも「イマージュ」の特別な定義をしていない。しかし、私たちは、すでに日本語の中に定着している「イメージ」という言葉

5　再生の視点

に引きずられないように注意して、ベルクソンの「イマージュ」を理解する必要がある。

「私が宇宙と呼ぶイマージュの総体の中では、ある特殊なイマージュ――その典型は私の身体によって私に与えられている――を介することなしには、真に新しいものは何も生み出せないかのようにすべてが進行している」
（『物質と記憶』10頁）

「私はイマージュの総体を物質と呼ぶが、これら同じイマージュが、ある特定のイマージュ、すなわち私の身体の可能的な作用と関係づけられた場合には、それらを物質についての知覚と呼ぶ」
（『物質と記憶』15頁）

ベルクソンは、「イマージュの総体＝宇宙＝物質的世界」を想定している。そして、彼が「総体」というとき、それは「中断されることの決してない、連続体としての全体」を意味する。

「（私たちが表象する）このイマージュは、他の数々のイマージュの全体と連動したものとして、先行する諸イマージュを継承するのと同様に、後続する諸イマージュの中でも継続される」
（『物質と記憶』36頁）

ここで問題となるのが、私たちの知覚と「イマージュ」の総体との関係だ。

「知覚は権利的には全体のイマージュであるのに、事実的にはあなたに利害のあるものに縮減されている」
（『物質と記憶』43頁）

その理由は？　「イマージュの総体＝宇宙＝物質的世界」の引用を再度、確認しよう。二つには共通のキーワードがある。「身体」だ。より明確に言えば、「身体との関係」だ。私たちは、宇宙と表されるような「イマージュ」の総体を知覚できない。私たちが身体的存在だからだ。そして「身体」は有限なものである。だが、この有限性に否定的な意味はない。**知覚は「イマージュ」への働きかけであり、この行動の中心に「身体」がある。**さらに、この働きかけは、「身体」というイマージュから、「身体」を取り囲む諸イマージュへの働きかけでもある。冒頭の引用にある「反射」「翻訳」は、これを意味する。**「イマージュ」の働きかけは双方向**なのだ。

「何でも見える鏡」があったとしても、そこに身体的存在である私たちが関わる限り、何でも見えるわけではない。鏡が映し出すものが「隠れた人」だろうが「世界一の美女」だろうが、私たちは鏡に願わなければならない。「それを見せて」と。それらはすでに「見えている」ものだ。ただ、「どこにあるかわからない」もの。それらはすでに、「利害のあるイマージュに縮減」されているのだ。「魔法の鏡」は、捜索には無類の力を発揮するだろう。しかし、私たちが「見えていないもの」を見せることは決してできない。

5　再生の視点

5·6 デリダの視点 差延

異文化コミュニケーション能力って何？

「きわめて図式的に言えば、こういうことです。〈脱構築〉という語を定義すること の難しさ、したがってまたそれを翻訳することの難しさは、一瞬そうした定義や翻訳に使えるように見える述語や定義用の概念や語彙上の意味やさらには統辞上の分節といったものがすべて、直接的にかどうかはともかく、それらもまた脱構築の対象であり、脱構築可能なものである、という点に起因するのです。そしてこのことは、一切の語についてと同様に、脱構築という語についても、その統一性そのものについても、あてはまります」

（『プシュケー　他なるものの発明II（「日本の友への手紙」）』岩波書店7―8頁）

川端康成の『雪国』の書き出し、「国境の長いトンネルを抜けると雪国であった」。翻訳家の間では、力量が暴露される難所として有名だ。そもそも、「誰が？」あるいは「何が？」トンネルを抜けたのか。「抜けると」の「と」って、いつのこと？「雪国であった」とは、誰かが気づいたのか？　あるいは、事実なのか？「雪国」ってどんなイメージ？　この問題を、デリダの「差延」の視点から解明してみよう。

デリダの哲学といえば「差延」。フランス語の《différance》（ディフェランス）の翻訳である。まず、その言葉の表記を説明すべきだろう。「ディフェランス」は、通常、〈e〉つきの《différ〈e〉nce》を予想させる。だがデリダは〈e〉を〈a〉に交換し、《différ〈a〉nce》と書く。これにより、《différence》との意味の差異を強調させている。しかし、両方が同じ発音であるため、文章を読まない限りこの差異は理解できない。表記でしか理解できない意味は、西洋文化における「音声中心主義」の問題に注目する方法でもある（**一** 1・4　ロゴス中心主義 **一** 参照）。

デリダが《différance》（差延）によって含意したものを整理しよう。

まずは、英語の《difference》と同じように、**物事の間にある相違／分散する／延期する**の意。

では、この「差延」の視点が、どのように私たちの世界観に影響するのか？　日本のイスラム学者井筒俊彦が《déconstruction》（脱構築）を正しく翻訳する方法について質問し、デリダが返答し

5　再生の視点

た手紙がある。実際は、デリダは直接、井筒の問いには答えていない。そのかわりに、翻訳の可能性と、「脱構築」の使い方について解いている。要するに、「脱構築」の意味を説明するために「差延」の視点を実践しなければならないと説いたのだ。

「〈脱構築〉という語も、その他のあらゆる語と同じく、ありうる置き換えの連鎖のなかへの記入からしか、すなわち人が平然と〈コンテクスト〉と呼ぶもののなかへの記入からしか、自らの価値を引き出すことができません」

（『プシュケー　他なるものの発明II』8頁）

「置き換えの連鎖」が言語の「差延」を証明する。翻訳だけではなく、同じ言語の中でも、言葉を説明するために別の言葉が必要である。つまり、デリダはソシュール（―1・2―2・6―4・1―参照）と違い、言葉と現実という二項対立に基づくフレームワークの内だけで言葉を理解しようとせず、言葉を無限のネットワークの中で考えようとした。

「差延」なるものを明確にするために、しばしば辞書のたとえが使われる。知らない言葉を辞書で調べる場合は、その言葉を説明するために定義、つまりたくさんの言葉を並べることが必要である。もし定義の中にわからない言葉があれば、改めてその言葉を調べ、その言葉で書かれている定義を読む。異なる時代の辞書でその定義を調べれば異なる意味を発見することもあるだろう。そして、このプロセスは永続する。そのうち、最初の言葉の意味に辿り着く希望を失ってしまう。言い換えれば、言葉の意味を把握することは永遠に「延期」されているのだ。とすれば、「国境の長いトンネルを抜けると雪国であった」の翻訳だけで、日本文化や政治や歴史や諸々の説明をさせる巨大な本になってしまうだろう。それでも、翻訳作業は不完全なまま残されてしまうのだ。

言葉は「痕跡」にも喩えられるだろう。「痕跡」には、確かな存在感がある。しかし同時に、すでに消えた別の存在を表現する。要するに、「痕跡」には、過去と現在、そして未来が共存しているのだ。「痕跡」の世界に生きている私たちには、存在へのアクセスはずっと延期されている。「差延」には否定的な面しかないのではない。意味が永遠に延期されることは、常に意味がつくり直されることであり、固定概念に従うプレッシャーから解放されることにも繋がるだろう。

「脱構築」は、すでにフランス語や英語の日常会話で使用されるようになり、文化が密かに抱える問題を可視化するためのツールとなっている。「差延」は、言語の根本的な欠点を指摘しながら、様々な固定概念を否定し、刷新する働きをする。これらの視点を活用すれば、異文化コミュニケーションはスムースかつ楽しく行われるだろう。

5 再生の視点

5·7 ドゥルーズの視点 ナンセンス

できないことをするのはナンセンスか？

「空虚は、意味がそれ固有の無―意味（ナンセンス）と共に創作される場所である」

（『意味の論理学（上）』河出書房新社240頁）

「仕事の効率？　何、それ？」なんて人はいるだろうか？　このキーワードをアマゾンで検索すると、二万冊以上の本がヒットする。「無意味なやり取りや作業をあぶり出して取り除いていく」、こんなところが効率化の要点だろうか。とはいえ、「無意味のほうが意味あるんじゃない？」なんて考えてしまうのが哲学者の性。ドゥルーズも然り。

「伝統的な二元論を転倒させる！」――これが、ニーチェ以降の哲学者たちに共通する野心だろう。ドゥルーズの『意味の論理学』でも、この態度は一貫している。まず、ニーチェに倣ってドゥルーズもプラトンに狙いを定める。

「プラトニズムを転倒させることは、当の動因を明るみに出すということでなければならない」

（『意味の論理学（下）』河出書房新社133頁）

プラトンと言えばイデア論。このイデア論の動因として、ドゥルーズは「選別の意志」があると見抜く。それは、「モデルとコピー」あるいは「モデルとシミュラークル」（**4・3**参照）を、真偽の審議にかけることだ。オリジナルは、無論、本物。一方の「コピーとシミュラークル」は偽物となる。当然、偽物は「あるべきものではない」。本物か偽物かに加え、もう一つ、シミュラークルとコピーを区別する。イデア論の世界では、コピーはシミュラークルに優位する。その仕組みはどのようなものだろうか？

コピーは、正確にオリジナルを模倣することを定めとしている。したがって、コピーには「良い」「悪い」がある。けれども、シミュラークルは「正確さ」を追求しない。だから、こちらでは「良い」「悪い」も選別できない。イデアは予め計測され、モデルとして確定される。同様に、モデルを正確に模倣するコピーも、計測されるものだ。一方、「**純粋な生成、限定されないものは、**

5 再生の視点

イデアの作用を逃れる限りで、モデルとコピーに同時に反抗する限りで、シミュラークルの物質である」（『意味の論理学（上）』17頁）のだ。

プラトンによれば、コピーという行為は承認しうるもの。一方、シミュラークルは同一性を逸脱する行為だ。これは抑圧し排除しなければならない。このような二元論に潜む「選別の意志」をドゥルーズは暴く。

「意味」と「ナンセンス*」の二元性も再考の対象となる。まずは「言葉の意味」について考察しよう。言葉の一つ一つには「意味」がある。だが、その「意味」は、他の言葉との繋がりがあって初めて特定される。つまり、**「言葉の意味」は別の「言葉の意味」によって指示されるのであって、言葉自身が「意味」を確定するものではない。**予め「意味」を固定させてしまうと、「言葉」本来のポテンシャルは発揮できなくなってしまうのだ。「言葉」のポテンシャルに最も鋭敏な使い手は、詩人たちだろう。

「言葉」と同様に、「行為」もまた、あとからはじめて「意味づけ」られる。ということは、「意味ある」として予示《よじ》された行為は、将来的には「意味ある」ものとなる可能性はゼロなのだ。

むしろ、行動に移す前に「ナンセンスではないか？」と考えられたところにこそ、いずれ「意味」が見出されるようになる。

* 原文では « non-sens » と書かれる「ナンセンス」は、直訳すれば「無-意味」。ここでは「ナンセンス」で統一する

「意味とナンセンスの間には特殊な関係があり、その関係は真偽の関係から転写できない、つまり単なる排除の関係とは見なせない」

（『意味の論理学（上）』129頁）

「ナンセンスではないか？」と考えられるところを、ドゥルーズは「余白」と表現する。ドゥルーズが注目するのは「ナンセンス」と「意味の不在」だ。プラトン的「選別の意志」に服従すれば、「ナンセンス」は審議にかけられ、「あるべきものではない」として排除させられる。しかし、「ナンセンス」はこのような「意味の不在」ではないと、ドゥルーズは批判する。**「ナンセンス」は「あるべきものがそこにない」という「意味の空白」であり、「意味の不在」ではない。「そこ」とは、いずれ「意味」を生み出しうる「余白」のことだ。**

さて問題は、私たちが置かれている状況と未来だ。行為でも発言でも、画一的な「意味」を強要され、「余白」が許されなかった時代。いずれ、「コロナ禍前」として「意味づけ」される時がくるだろう。では、「コロナ禍後」に「意味ある」ものとして認められる行為とは？　「意味」が未だ規定されないままでいる「余白」は、同時に「最先端」でもある。この「余白」に懸けることができるのが、私たちのポテンシャル。「ナンセンス」にはポテンシャルとしての「意味」が潜在しているのだ。そして、「選別の意志」は「ポテンシャル」を無視してしまうことになるのだ。

5　再生の視点

「常に新たな概念を創造すること、それこそが哲学の目的である」。この表明がそのまま、概念溢れるドゥルーズ世界を表示する。ここで取り上げた「差異」「意味」以外に有名なものとして、「リゾームとツリー」「パラノとスキゾ」「逃走線」「ノマド」などがある。これらの用語は、**―2・7―**で紹介したガタリとの共作に登場する。

続々と登場する新概念は、さぞや彼のファンをゾクゾクさせることだろう。一方で、現代思想にチャレンジする若き野心家たちを遭難させるものでもある。実際、彼の諸概念は体系的に理解されるものではなく、横断的に把捉されるべきものだ。一つの視点が、他の複数の視点と、明に暗に絡み合っているのだ。

さて、陶酔することも拒絶することもなく、ドゥルーズの全視点を己のものにし、己のポテンシャルを発揮させせられるか？　これもナンセンスなミッションの一つかもしれない。

COLUMN

リオタールが見た未来

アリ人間の悲惨さ

ジャン=フランソワ・リオタール、二十世紀後半を代表するフランスの哲学者の一人だ。『ポスト・モダンの条件』『文の抗争』『リオタール寓話集』などを著し、「知識人の終焉」「メタ物語の終焉」というポスト・モダンを象徴する言葉を流行させた。

科学技術が高度になり、資本主義も高度になった現代。現代の特徴は、「メタ物語に対する不信感」であると、リオタールは明言する。メタ物語は時代の制度や理論を正当化するものである。これはどのような機能だろうか。

まず、結末がない物語はない。

「物語が物語世界の中のどの時点で終わろうとも、その結末は意味をつくり出し、語られた出来事を遡って組織化する。物語機能は自己充足的なのだ」

（『文の抗争』法政大学出版局312頁）

当然、メタ物語にも結末がある。メタ物語は倫理的政治的に良い結末を備えていて、それを普遍的な価値として人々に共有させる。たとえば、「平和と平等」や「富国」「愛国」である。「自由かつ自立した人間」もその一つだ。このようなゴールを人々は刷り込まれ、そのゴールに向けて努力できる人間が模範とされる。したがって、メタ物語の作用は人間育成にまで及ぶ。

「セミとアリ」というラ・フォンテーヌ*の寓話がある。

「セミは夏の間、歌を歌ってばかりで仕事をしなかった。蓄えもなかった。秋になって、セミは餓死寸前になる。そこでアリに助けを求める。しかしアリは、『歌っていたのなら、これからはダンスでもすればいい』と冷たく突き放す」

この寓話では、「アリ人間」が推奨される。これをメタ物語として読み解くと、「働くことは正しいこと」「蓄えることは正しいこと」とされる。ここに疑問の余地はない。なぜなら、

＊　17世紀のフランスの詩人。イソップをはじめとする様々な寓話をアレンジした寓話詩を書いた。フランスで寓話と言えばイソップではなくラ・フォンテーヌを指す

この正当化がなければ、物語の結末が変わってしまうからだ。

「富国」「平和」「自由」などのゴールを目指しながら、人間は制約や不都合を甘んじて引き受けていた。だが、第二次大戦が終わり、科学技術はさらに高度化する。すると、これまで機能していたメタ物語の力が失われてしまう。「ポスト・モダンとはこうしたメタ物語に対する不信感」につながる。

メタ物語が機能しなくなると、社会は何を求めるだろうか？　**「システムの遂行性、つまり効率を最適化することに置かれる」**（『ポスト・モダンの条件』水声社10頁）のだ。

ここで一つの事実が暴かれる。ポスト・モダン以前、人々は「働こう蓄えよう」と教化されながら、「どのように金を使うか」を教えられていなかった。そして、メタ物語による訓化が身に染みついてしまった人々は、使い方を探し求めるようになってしまった。

そこで訪れるのが「差異の産出」である。これはたとえば、携帯電話やパソコンなどのマイナーチェンジが挙げられる。あるいは「自己承認欲求」も差異の産出に関わる。その承認欲求の根っこに、所有物による他者との差別化が、容易に認められるだろう。

そして人々は、欠乏と充足が果てしなく繰り返される消費の循環にからめとられてしまう。貯蓄も新商品を購入するためでしかない。これは自己完結を繰り返す閉じた物語だ。

メタ物語は社会へと開かれていた。しかし閉じた物語では、消費のスパンはどんどん短くなり、どんどん使用期限が短くなる。そして効率重視。恐ろしいことに、消費や使用期限、効率重視が適応されるのは、商品だけではない。人間もその対象になってしまうからだ。

「操作的であれ、さもなくば消えてしまえ」

（『ポスト・モダンの条件』10頁）

これは、モノ化した人間を的確に表現した一文だ。

人間がモノ化した時代。アリ人間の意味も変容する。欠如と充足のループを際限なく反復するアリ人間。消費社会は人間の成長を見込んでいない。「欠乏に追い立てられながらも、死ぬまで働き続けろ」と人々は要請されるのだ。「むしろセミ人間のほうが素敵？」そんな本音が、子供や若者たちに芽吹いている。

創造の視点

6

すでに、問題も錬成されていて、
十二分な活動ができている。
その活動を、本来の人間力の覚醒と、
未来への行動へとビルドアップ
させるのに役立つ視点。

6・1 カイヨワの視点 遊び

遊んでる？

「遊びとは、人が自分の行為についての一切の懸念から解放された自由な活動である」

（『遊びと人間』講談社学術文庫300頁）

マイナスのイメージが先行する「遊び」。「遊びだったの？」と詰問されることもある。「遊んでんじゃない！」と叱責されることもある。無論、プラスの意味もある。一体、「遊び」って何だろう？　この悶々には、ロジェ・カイヨワの『遊びと人間』が答えてくれる。

「遊び」という言葉の使い方を検証してみよう。そのためには、「遊び」と対局の言葉を並べてみるといい。

＊　17世紀、イギリスの哲学者。「イギリス経験論の父」と呼ばれる

「遊び」と「本気」。この場合、「遊び」とは「本気でやっていないこと」だ。スポーツでも勉強でも恋愛でも、「真剣さ」がないことが「遊び」となる。

「遊び」と「仕事」。この場合、「暇つぶし」の意味を持つ。仕事を離れての「レジャー」の意味も持つだろう。だがここでも、「遊び」とは退屈を紛らわす程度のもの。上司に呼ばれて、「今、仕事で手が離せない」は納得してくれるが、「今、遊びに夢中」には雷が落ちるだろう。

「遊び人」と「マジメな人」。この場合は、「遊び人」とは、「浪費家で酒や博打に耽る人」となる。人物評価、特に結婚相手としての評価は、最低レベルに属するだろう。

だが、私たちは、レジャーに本気になることもできるし、遊びを仕事にすることだってある。実は、マジメだけでなく遊びがある人が好まれることのほうが多かったりする。

哲学者たちもこのような疑問を持ってきた。そしてまず、「遊び」の意義を見出そうとした。ジョン・ロック*は、知性と労働をより良い状態に保つためには「気晴らし」が必要だと唱える。ジャン＝ジャック・ルソー（1・6参照）は「遊び」の教育的側面に注目し、子供たちの生得的な権利であると訴える。大人たちが定めた規律にコントロールされず、自然状態で幼少期を過ごす。そうした中でこそ、体力のみならず、寛容さや忍耐力などの情緒的成長、さらには物事の成り立ちを知る力も育成される。

6 創造の視点

だが、ロックにしろルソーにしろ、まだ「遊び」の考察としては不十分だ。なぜなら、これらの解釈は、「良い仕事」「良い人間」など、「遊び」以外の概念を前提とし目標とするからだ。そもそもの「遊び」とは？　フリードリッヒ・シラー*の、「人間は、完全な言葉の意味において人間であるときにのみ遊び、遊んでいるときにのみ完全な人間となる」発言から、遊び論は真剣なものになる。カイヨワも、「シラーは間違いなく、文化史における遊びの特別の重要性を強調した最初の人」（『遊びと人間』264頁）と敬意を表している。

さて、真剣な遊び論には、カイヨワの前に挙げなければならない人物がいる。ヨハン・ホイジンガだ。彼の主著『ホモ・ルーデンス』、タイトルにある「ホモ・ルーデンス」は「人間は動物とどう違う？」への答えの一つだ。最も有名な答えが「ホモ・サピエンス」だろう。「英知人」とも訳されるように、「考える」が人間であることを証明する。

「ホモ・ルーデンス」は、この「ホモ・サピエンス」、そして「ホモ・ファーベル」と並んで重要な用語だ。「ホモ・ファーベル」はフランスの哲学者ベルクソン（―3・5――5・5――6・5―参照）による定義。「工作人」と日本語訳されるように、人間は、「作る」によって動物と分かたれるとされる。

そして「ホモ・ルーデンス」。これは「遊戯人」と訳される。「遊ぶ」のが人間なのだ。ホイジンガによれば、遊びは何かに貢献することはない。**遊びに理由づけなど不要、ただ面白いから遊**

＊　18世紀のドイツの詩人で劇作家。ドイツ古典主義をゲーテと共に代表する。戯曲『ヴァレンシュタイン』が有名

ぶ。これが遊びの本質だ。

カイヨワの『遊びと人間』は、ホイジンガの業績を批判的に受け継ぐ。

「人は、遊びたい時に遊びたいだけ遊ぶ。この意味で遊びは自由な活動である」

(『遊びと人間』36頁)

彼は「遊び」を、「六つの要素」「四つの役割」「二つの態度」で分類する。ここでは「六つの要素」に注目しよう。

1　自由である。参加も離脱も、決して強制されてはならない。
2　隔離されている。予め空間と時間が決められている。
3　未確定である。展開や勝敗や結末が決まっていない。
4　非生産的。遊びによって財産ができることはない。認められる成果もない。
5　ルールがある。
6　虚構である。明確に非日常である。

6　創造の視点

「未確定である」が侵されるとどうなるか？　スポーツの試合の勝敗が決まっている。いわば八百長だ。これは、卑怯悪辣な金儲けになっても遊びにはならない。「非生産である」「虚構である」が侵されると、「成果」や「利益」を目的にすることになる。これも「遊び」ではない。

「遊びと日常生活が混じり合うようなことがあれば、遊びの本質そのものが堕落し、破滅する恐れのあることは、たやすく予見できる」

（『遊びと人間』89頁）

今や、カイヨワも予測できなかった様々な「遊び」の形がある。その形もどんどん変容している。たった数年で、この世から消え去ってしまう遊びはどれほどあるだろう。次々と発表され、世を賑わすゲーム機器やグッズ、アニメーションや映画など様々なメディアとのコラボレーション、そしてインターネット内でのバーチャル空間。これらの「日常」は、私たちの「遊び」に、実に巧妙に儲けや優越感を潜ませてしまっている。

だがおそらく、シラーもホイジンガもカイヨワも、このような「遊び」の環境にこそ、真の遊びを見出そうとするだろう。遊びを通して人間を問える時代になったのだ。

冒頭の引用にある「自分の行為についての一切の懸念からの解放」、ここが要所になる。これは六つの要素と緊密に関係する。**遊びが自由なのは、有用性や生産からの解放であるからだ。ここ**

に「AIではなく人間である」ヒントがあるはずだ。

ハンナ・アーレント（一３・７－参照）は、生産と消費に私たちを駆り立てる経済を「浪費経済《waste economy》」と呼ぶ。現代は、私たちのあらゆる行為が浪費経済に貢献してしまう時代。こんな時代だからこそ、遊びに真剣になることが、これまで以上に大切になる。「なぜ遊ぶの？」という質問は無用。「遊び」は何かを生産することもない。

さて、私たちを取り巻く言説を見回してみよう。私たちは、「成果」「成功」「目的」に対し、あまりにも強迫的になっていないだろうか。つまり、自分で自分を追い立てていないだろうか。だが、それらから自由である「遊び」がなくなった未来は、人間が消滅した未来、人間が完全にデータ化された未来かもしれない。

「創造は〈遊び〉から生まれる」、こんなメッセージが生き残っているうちは、人間の未来は残されているだろう。

6・2 パスカルの視点 繊細さ

なぜアートは必修科目になれないのか？

「繊細の精神においては、原理は通常使用されていて、皆の目の前にある。頭をわざわざ向けるまでもないし、無理をすることもない」
（『パンセ1』中公クラシックス3頁）

「アート」と「サイエンス」を共に体得する。経営リーダーたちには不可欠な要素として、多くの企業が人材育成プログラムに「アート」を組み込み始めた。しかしこの奥の手は、すでに四百年前、パスカルにより提言されていた。

パスカルは科学の領域で大きな功績を残した。哲学研究のテーマともなる。だが彼の人生全体を見ると、実はそれらはマイナーな側面だ。そもそも、『パンセ』は未完の書物。しかも他人の手によるもの。彼が書き留めていた遺稿が、彼の死後、整理されて公表された。それが『パンセ』という名称の由来だ。『パンセ』はパスカル自身がつけたタイトルではない。では、パスカルは何を目指して書き続けていたのだろうか。

研究者たちはパスカルが残した草稿を、『キリスト教護教論』と呼び慣わしている。つまり彼はキリスト教の正しさを証明しようとしていたのだ。それは必然的に、正しい信仰の在り方に結びつく。この「正しさ」は外部だけでなくキリスト教内部にも向けられた。むしろ、内部への批判のほうが激烈だった。彼が同調していた派（ポール・ロワイヤル）が異端としてローマ教皇から断罪され、迫害を受けていたからだ。

ここで信仰について云々することはできない。だが、信仰に対するパスカルの情熱は、私たちに一つの恩恵をもたらす。それが「繊細さ」という視点だ。「幾何学」の根幹となる理性はしばしば、その有限性を無視してしまう。この越権行為を「迷子の理性」とパスカルは表現する。だからこそ、慎むべきところは慎まなければならない。それを可能にするのが、「全体を一挙に見通す」力、「繊細さ」であり、言い換えれば「直観」である。**直観は「一瞬で行動する」**のだ。問題は、このような直観がどのように開花するかだろう。

理性を学ぶことは理性の限界を知ることだ。そして私たちは、理性の限界に葛藤し続ける。その葛藤が、あるとき、突如の飛躍を生む。そこで芽生える力が直観だ。**全体とは無限のことであり、それらを感じるのは理性ではなく直観である。**冒頭の「繊細の精神においては……」には続きがある。

> 「問題は、良い目を持つことである。だからこそ繊細の精神をよく働かせなければならない。繊細の精神が使用する原理は、極めて微妙であり多様だからだ」
>
> (『パンセー』3頁)

パスカルによれば、**理性と直観の間をつなぐ確実なステップは、ない。つまり学校などで習得できるものではないのだ。私たちは、各々の体験から、直観へと飛躍するしかない。**芽がなければ花が咲かないのと同様に、直観の目は誰にでも許されるものではない。「アート&サイエンス」のプログラムは、一種の「賭け」なのだ。だからといって、「繊細さ」という視点を放棄することはできない。

もし、パスカルが長命だったら。そんな「もし」を考えてしまう。無限を直観的に把握する数学者たちは同時に、宗教者でもありえた。さらに、教育者として活動する人物もいる。岡潔(Ⅰ-1・1参照)はその一人だ。彼は『情緒の教育』で、サン=テグジュペリ*の『星の王子さま』

* フランスの作家で飛行士。1944年、偵察飛行中に撃墜され戦死

を参照しながら、「子供の世界は、ものそのもの、ことそのことの世界である」と言っている。「直観」「繊細さ」という力は、確かに子供には備わっている。私たちは、いったん、理性によって論理的思考を形成し成人する。そして、やがて、**その限界を知り、もがき苦しむことで、限界を突破する力が発現するのものなのかもしれない。**

「繊細さ」は、「幾何学」と違い、誰にでも許される力ではない。むしろ「生得的才能」でもある、とパスカルは突き放しもする。だが現代はＶＵＣＡ（不安定性・不確実性・複雑性・曖昧性）の時代。ということは？

未来への頼りとなるのは私たちの「繊細さ」だ。その力を持つ者は誰か？　自分以外の誰かを探すか？　あるいは？

自分にその力があるかどうか、わからない。だが、やってみないと、わからないのも事実だ。だから、「懸けてみろ！」と時代は、私たち一人ひとりに要請するのである。

6・3 フーコーの視点 人間

人間に賞味期限はあるのか？

「奇妙なことに、人間は――素朴な眼に、それに関わる認識はソクラテス以来もっとも古い探究の課題だったと映っているのであるが――おそらくは、物の秩序の中のある一つの裂け目、ともかくも、物の秩序が知のなかで最近とった新しい配置によって描きだされた、一つの布置以外の何ものでもない。新しい人間主義（ユマニスム）のすべての幻想も、人間に関する、なかば実証的でなかば哲学的な一般的反省と見なされる〈人間学〉のあらゆる安易さも、そこから生まれてきている」

（『言葉と物』新潮社21頁）

生物の視点で長い進化の結果、人間が誕生した。そして、私たちは人間として生まれ、仕事を

＊1　カナダ出身のSF作家（1912〜2000）
＊2　アメリカの思想家・発明家（1948〜）
＊3　アメリカの言語学者（1928〜）。「生成文法」の創始者

し、家族を築き、年をとり、死ぬ。しかし、もしＡＩの到来と医学の発展で、過労から解放され、子づくりが不要になり、不老不死がかなえば、それでも人間として生きると言えるだろうか。

Ａ・Ｅ・ヴァン・ヴォークトの[*1]『非Ａの世界』や、手塚治虫の『火の鳥』など、幾多のＳＦ作品は、不老不死により人間性が失われると警告する。この恐るべき新世界になすすべはないのか。それとも、「人間」から脱皮した「ポストヒューマン」の未来が訪れるのか。レイ・カーツワイル[*2]の『シンギュラリティは近い　人類が生命を超越するとき』で予言される未来が到来するとき、「人間」はどうなってしまうのだろう。

が、フーコーなら心配しないだろう。なぜなら「人間」の定義は社会と時代で変更されるからだ。

一九七一年十一月のオランダ。ノーム・チョムスキー[*3]とミシェル・フーコーが「人間性」について激しい討論をした。両者が左翼陣営の知的スターだったため、スポーツの試合に勝るほど注目された。チョムスキーはベトナム戦争をはじめ、アメリカの外交政策を全面的に批判するアナキストとして知られ、フーコーはフランス教育制度、精神医学、刑務所などの改革に努めた人物であった。同じ山を別の側から掘ると言われていた二人だが、「人間」を理解するための視点は特に異なっていた。

チョムスキーは言葉を話せる能力を「人間性」の出発点とした。人間の脳に言葉を話せるハードウェアがあり、フランス語、英語、日本語などの言語はソフトウェア。フランス語の環境で育てられる赤ちゃんは自然にフランス語を話せるようになる。しかし言語を習得するためのハードウェアを脳に持たない動物にフランス語で話しかけ続けても身につかない。人間は、どこに生まれても言語を話せるようになる。それによって環境と人間の関係が成立する。チョムスキーは非言語のコミュニケーションを否定していないが、**言語が「人間性」の存在を証明する**と強調した。

一方、フーコーは**時代と社会環境で「人間」に対する考え方は変化する**と主張した。むしろ、「人間」が存在しない時代もあり、これから「人間」が消える可能性もある。

「〈人間〉は最近の発明にかかわるものであり、二世紀と経っていない一形象、私たちの知の単なる折り目に過ぎず、知がさらに新しい形態を見い出しさえすれば、早晩消えさるものだと考えることは、なんと深い慰めであり力づけであろうか」

（『言葉と物』21頁）

チョムスキーは、フーコーらが主張する「ポスト構築主義」と「脱構築主義」を、科学的根拠がない研究として長年批判していた。部分的だが、チョムスキーの指摘が正しいところもある。二人の思想の相違は、社会活動にまで及ぶ。チョムスキーは政府や大企業を批判し、メディアプロパガンダの問題に注目した。フーコーは知によって生まれる権力、そしてその権力に操られている人を解放する方法を考えた。

＊　ペーター・スローターダイクの『「人間園」の規則』と森岡正博の『無痛文明論』がお勧め

「愛」や「家族」「人間」などは永遠不変の概念だと私たちは思い込んでいる。しかし、十七世紀のフランス人には、性格と趣味が似ている相手と平等の関係を結び、二人ばかりの子供をもうけ、その子供が完全に父と無関係の仕事をすることなど、想像できなかっただろう。「愛」や「家族」と同様に、「人間」も普遍の概念ではない。十九世紀以前は、「人間」について誰も考えなかったというわけではない。しかし私たちの視点と異なっていたのだ。

十九世紀から人間の身体と精神が研究され始める。そのような研究をする自然科学関連分野が、社会の中心となった。こうして、「人間」は死に直面する存在であると同時に、その存在について知識を増やす主体として確立された。しかしながら、フーコーはこのような人間主義の見直しを要求する。人間主義は、私たちを監視し、生の可能性を制限する知識ともなるからだ。近い将来、ＡＩなどが「人間」の定義を再考する時期が来るかもしれない。

コンピューターと医療の発展で、「人間」は病気と死を克服する存在となるかもしれない。しかし、この未来の到来よりも先に、新種の「人間」が現れている。携帯とネットの普及、さらにコロナ禍以降、私たちは家で仕事をし、外出しないまま欲望を満たすこともするようになった。まさに、資本主義社会を維持するためのよい消費者としての生活だ。コンピューターは「人間」を解放するばかりか、「人間」を生産・消費する家畜にしたのだ。はたして、フーコーはこの「人間」を予想していただろうか。人間の家畜化は、哲学の大きな問題点となってきている。*

6 創造の視点

6・4 サルトルの視点 高邁さ

非常事態を超える精神とは？

「読書とは、作者と読者の間に結ばれた高邁な心の契約である。そのおのおのが他方を信頼し、他方に期待し、相手が彼自身に要求するだけ、相手に要求する。そのような信頼そのものが、高邁な心である」

（『文学とは何か』人文書院64頁）

これほどまでに、「非常事態」「エマージェンシー」という言葉が私たちの日常を、世界レベルで、圧迫させたことはあっただろうか？　政治的な圧力で国民の一切の行動を抑制することは、この状況を乗り越える一つの解決策かもしれない。だが、世は民主主義時代。日本の政治家たちはさぞかし歯がゆい思いをしているだろう。政治家たちの「忸怩《じくじ》たる思い」は不問にしよう、なぜなら課題は国民一人一人に与えられているからだ。さて、私たちはどのような行動をするべき

＊　デカルトは驚・愛・憎・欲・悲・喜の6つを基本情念と定義する

か？　サルトルが生きていたら、「高邁さ」と「呼びかけ」で応えるだろう。

「高邁さ」、フランス語では«générosité»。辞書を引けば「寛大」「度量が大きい」「気前の良さ」などの意味が書かれている。サルトルはさらに「気高さ」「最高峰」というニュアンスも追加した。したがって日本では、サルトルの«générosité»を「高邁さ」と訳すのが通例だ。

「高邁な人物」として、あなたは誰を挙げるだろうか？　世界に目を向ければ、ガンジーやマザー・テレサなどが候補になるだろう。「気前の良さ」を言い換えると、自己犠牲と無私無欲。これに人々の導き手という役割も付される。日本人では誰だろうか？　弘法大師空海か？　あるいは西郷隆盛か？「高邁さ」とはなかなか稀有な人格かもしれない。

「高邁さ」に注目したのはサルトルが最初ではない。デカルト（—1・3—参照）はすでに『情念論』で、「人間が正当になしうる限りの極点にまで自己を重視するようにさせる」（『情念論』岩波文庫134頁）と定義している。デカルトによれば、「高邁な精神」とは、他の情念*を、自らの意志によって支配する自由な精神だ。外部からの刺激という受動の情念を、自らを重視し尊重させる理由へと転換させる精神だ。**「私たちが正当に賞賛または非難されうるのは、ただ、この自由意志に依拠する行動だけ」**（『情念論』133頁）なのだ。

〈高邁な精神〉を持つ人間は、誰にも依拠することなく誰をも尊重する。自分以外のものに依存することは、自分を裏切ることであると同時に他人を軽視することなのだ。だから〈高邁な〉人たちは、最も謙虚な人たちである。そして気高い謙虚とは、私たちの本性の弱さについて反省し、私たちがかつて犯したかもしれない、あるいは今も犯しうる過ちについて反省し、しかもそれらが他人の過ちに劣らず大きいことについて反省させる」

（『情念論』135―136頁）

サルトルの「高邁さ」はデカルトの定義を引き継ぐ。彼は**「高邁さ」**を**「自由から生まれ自由を目的とする感情」**（『文学とは何か』60頁）と定義する。デカルトの「高邁さ」の要は、自らの自由と他人の自由が互いに尊重し合うことにある、自由を尊ぶ者の間柄には、支配や強制が紛れ込んではならないのだ、とし、これがサルトルの『文学とは何か』の主題になっていく。

サルトルは書くことを通じて、読者に呼びかける。「呼びかけ」を可能にするのが互いの「高邁な精神」だ。**作家は作品を創造する。読者もまた、作家の呼びかけに応じて創造する。読者はただ読むだけの存在ではない。**作家は、書くという行為を通じて読者に呼びかける。それが、「**そのおのおのが他方を信頼し、他方に期待し、相手が彼自身に要求するだけ、相手に要求する**」ことだ。「投企（一5・2一参照）」で言い換えると、「私たち個々の企ては、私たちがそれであるところの全体的な企てのうちに積分される」（『存在と無』ちくま学芸文庫137頁）となる。私たちが未来を憂い、行動するとき、必ず仲間ができる。この仲間とは利害で繋がる仲間ではない。互いの自由を懸けた仲間なのだ。

「高邁さ」の希少価値を、『倫理学ノート』で、「自由が現れる順序で価値を分類する。その頂点には高邁さがある」とサルトルは分析している。自由とは、状況の中に拘束される自己を認めることであり、自分と他者を行為によって拘束するものだ。サルトル得意の逆転の発想だ。**利害を超えた自発性に突き動かされる対等な仲間たちによって未来は創造される。その仲間に共通するのが「高邁な精神」なのだ。**

人間の歴史は、非常事態の連鎖だったと言えるだろう。感染症一つとっても、常に人間は非常事態と隣り合わせだ。戦争の形も変化し続けている。一見、平和な日本でも、インターネット内はどうだろうか。一つの言葉が、多くの人を攻撃する武器となりうる。非常事態でないときなどない、このように覚悟してしまったほうがよいかもしれない。問題は、その状況下で私たちはどうするか？　選択は自由だ。管理されながらモノとして生き長らえるのか、それとも投企しながら人間として生き切るのか。「高邁な精神」を交わし合えれば人間の未来は守られるだろう。

6 創造の視点

6・5 ベルクソンの視点 愛

真実の愛にふさわしい人とは？

「創造的エネルギーは愛であり、自分自身から愛されるに値する諸存在を引き出そうと欲する」
（『宗教と道徳の二つの源泉』ちくま学芸文庫353頁）

ディズニー映画の『美女と野獣』をご覧になっただろうか。エマ・ワトソン演じる主人公のベルは、他のディズニー・プリンセスたちとは一線を画す。監督ビル・コンドンは、「ベルは王子さまをただ待つのではなく、自ら学ぶ独立した存在だ」と解説する。

さて、この『美女と野獣』、そもそも十八世紀に発表された小説作品だったことを知る人は少ないだろう。しかも、二人のフランス人女性の手を経て世に認められるようになった異色の作品だ。オリジナルのヴィルヌーヴ夫人の作品は、内面描写が複層化しており、全く子供向きではない。

＊　20世紀を代表するフランスの芸術家。その活動は、自ら本分と定める詩作をはじめ、小説、絵画、映画と多彩

その十六年後、オリジナルストーリーをボーモン夫人が大幅に手直しし、これが大ヒット。そして、ジャン・コクトー*をはじめとする数々の映像作品を経て、ディズニー版『美女と野獣』に至る。「そのテーマは？」と問われれば、十中八九、誰もが「真実の愛」と答えるだろう。

ベルクソンが「愛」を示唆する『宗教と道徳の二つの源泉』は、実質、彼の最後の著書だ。これに先立って発表された『創造的進化』で、かの有名な「エラン・ヴィタール」が登場する。「エラン・ヴィタール」は「イマージュ」（―5・5―参照）と同じように、フランス語«élan vital»の音をそのまま日本語訳したものだ。敢えて日本語にすれば、「生命の跳躍」となるだろう。生命を進化させる突発的な跳躍のこと。これは内的な力によるものであり、その発動は決して予測できない。その爆発は、様々な方向に生命を分岐させる。「エラン・ヴィタール」の理解には「持続」と「創造力」が欠かせない。プログラムされえない不可逆な「持続」（―2・7―参照）の中で、己の内側に「創造力」を宿す生命は、突如、個別の生命維持を捨て、生命の総体を進化させるのだ。

『宗教と道徳の二つの源泉』で、ベルクソンは「エラン」を「愛」においても継承する。「エラン・ダムール«élan d'amour»」だ。「愛の跳躍」とでも訳せるだろうか。だがこの「エラン・ダムール」は、私たちがしばしば話題にする「真実の愛」とはまるで次元が違うものだ。

6 創造の視点

「エラン・ダムールは、神秘主義者たちを、人類を神にまで高め、神の創造を完成させるよう仕向ける」
（『宗教と道徳の二つの源泉』３２５頁）

ベルクソンは「エラン」を「火山の突然の隆起」に喩えている。そして、このような隆起を可能にする神秘主義者たちは、増大した生命力、夢想し実現する並外れたエネルギーの持ち主である。その一人として、ジャンヌ・ダルクが挙げられている。

「神秘主義者たちを焼き尽くす愛は、神に対する人間の愛ではなく、万人に対する神の愛だ。彼らは神を通して、神によって、全人類を神の愛で愛する」
（『宗教と道徳の二つの源泉』３２０―３２１頁）

彼らは、人類全体へ身を捧げることで、人類全体への愛によって愛される人たちなのだ。キリスト教の「神」や「神秘主義」に、私たち日本人が真に迫ることはできないだろう。彼はやがて、神秘主義から離れて、哲学者や作家の創造力について考察を転じる。

「哲学者は、神秘主義者が神の本質そのものを見る愛を、創造的エネルギーとして思い描く」
（『宗教と道徳の二つの源泉』３５０頁）

＊　ドイツの精神分析学者で哲学者（1900～1980）。ナチスの台頭を受けてアメリカに亡命、帰化。『自由からの逃走』が有名

哲学者にとって創造とは、「新しい世代に対して、その都度全く新しい側面を示す」ことだ。そのために哲学者は、言葉を鍛え、思考を練り、概念を創造する。それは、実現不可能なものを実現しようと試みることだ。決して、哲学を生業とする者たちではない。創造する哲学者たちは、いつゴールに辿り着くか、など計算しない。そもそも、ゴールなど想定していないのだ。なぜなら、創造的エネルギーとなる**「愛はその本質によって愛たり得るのであって、その対象によって愛たり得るのではない」**（『宗教と道徳の二つの源泉』351頁）からだ。

「愛」を語る哲学者はベルクソンだけではない。いやむしろ、哲学者たちは「愛」に突き動かされて哲学してきたとも言える。カントは『実践理性批判』で、「〈愛〉は強いられるものではなく、義務にはなり得ない」と分析した。スピノザは『エチカ』で、「愛とは外部の原因の観念を伴った喜びである」と定義した。「愛ゆえになされることは、常に善悪の彼岸にある」と看破したのは、ニーチェだ。エーリッヒ・フロム*は「愛は能動的な活動である。愛の中に〈落ちる〉ものではなく〈自ら踏み込む〉ものである」（『愛するということ』紀伊國屋書店42―43頁）と解く。ナンシー（**一**4・6**一**参照）は「小さな講演会」で、**「愛が語られ愛がそこに生じるためには、いつだって愛という言葉を口にしなければなりません。つまり全ての愛は、誰かに「あなたを愛しています」と言うことによって生じるのです」**（『恋愛について』新評論10頁）と子供たちに教えている。

6・6 バタイユの視点 至高性

なぜ世界が禅に注目するのか？

「有用性を超えた彼岸こそ至高性の領域である」
（『至高性』人文書院10頁）

資本の管轄内では、人間は「資本の自己増殖にとって有用」であるしかない。それがバタイユの人間観だ（ー2・4ー参照）。有用性に留まる限り、人間は自ら求めて滅びてしまうだろう。この八方塞がりへの秘策としてバタイユは「至高性」を教示する。

『呪われた部分　有用性の限界』で、アメリカ合衆国の政治家ベンジャミン・フランクリンの発言を引用している。その全文を紹介しよう。

「時は金なりということを忘れてはならない。一日に一〇シリング稼げるはずなのに、部屋でのらくらと半日を過ごす者は、たとえ自分の楽しみには六ペンスしか費やさなかったとしても、そのほかに五シリングを浪費した、というよりも水中に投げ捨てたのだということを考えるべきである。金には繁殖力と多産力があることを忘れてはならない。金は金を生む。子が子を生み、さらにその子が子を生むというように、続くのである。五シリングが六シリングになり、さらに七シリング三ペンスになり、ついには一ポンドになる。金は多ければ多いほど増えるし、利益はますます速く増大する。一頭の牝豚を殺す者は、数千頭の子豚たちを殺すのである。五シリング硬貨を殺す者は、そこから生まれたはずのすべての硬貨を殺戮することになる」

（『呪われた部分　有用性の限界』ちくま学芸文庫１０４―１０５頁）

私たちは資本にとって有用な人間で収まるだろうか？　そうでなければ、「至高性」という視点に挑んでみよう。バタイユはニーチェを援用し、至高性を黄金に喩え、その価値を解説している。

「黄金は稀有のものであり、無用のものであり、穏やかな光で輝く。黄金は常に自分を贈与している。贈与する者の眼差しは、黄金の輝きを備えている」

（『呪われた部分　有用性の限界』76―77頁）

6 創造の視点

黄金の価値。それは「最高度に役に立たない」ところにある。

ここで当然、予期される批判がある。

「そんな無用の極致に立って何ができるようになるのか？　人生を無駄にしてしまうのではないか？」

その答えが、バタイユ流「賭け」である。

――「賭けは行動を動作主の役立つように設定しない」（『ニーチェについて』現代思潮新社289頁）――

有用性から未来を捉えようとすれば、未来は萎縮し貧しいものになってしまうだろう。それは有用性に囚われた人間の貧しさに比例する。「至高性」の視点に立ち、未来そのものに自らを投じてみよう。そうしてはじめて、未来の豊かさが取り戻せる。それは、「有用な自分」を無化してしまうことだ。

賭けの本質は、成果ではなく行為自体に価値を認めることにある。バタイユ流「賭け」は投機ではない。至高性の視点は、「有用な自分」と同時に結果をも無化する「無の視点」である。これは禅に親しむ視点だろう。実際、『ニーチェについて』では、禅についての考察に多くのページが割かれている。

「禅の悟りは、滑稽なほど煩瑣な手続きを経てようやく到達される。〔中略〕人は苦痛に打ち砕かれてから、つまり苦痛に侵食されたのちに悟りに達する」

（『ニーチェについて』274頁）

「穏やかな光で輝く稀有で無用」な目は、無垢な目ではない。既存の視点を無化していくという気力充実の目である。そんな人物は、世間的には奇人変人と映るだろう。

「有用で貧しい人間」で在り続ける選択肢もある。その人は資本の増殖運動に有用な歯車になる。私たちの可能性がそれを許すのであれば、歯車で居続けることもできる。だが、私たちのこの感情の高ぶりは、賭けに身を投じるチャンスを待ち構えているはずだ。

6·7 マルセルの視点 誠実さ

愛し、敬い、慈しむことを誓いますか？

「誠実さは、真に創造的であってのみ生きたものである」（『拒絶から祈願へ』春秋社184頁）

人間関係に欠かせないものは？「夫婦愛」「友愛」「愛社精神」など、「愛」も答えの一つになるだろう。が、「愛」ほど、日常的であるのと同時に不可解なものもない。では、「誠実さ」はどうだろうか？ガブリエル・マルセルは、「誠実さ」を人間関係の中枢に置く。

「誠実であること」は、武士道でも無上の精神だ。たとえば新撰組の旗印「誠」。当時から現在まで、見る人のハートを射抜き続ける。なぜ「誠」なのか？その基盤には儒教の思想と日本仏教と神道がある。『中庸』には、「誠者、天之道也。誠之者、人之道也（誠は天の道なり。これを誠にするは人の道なり)」とある。儒教において「誠」は天地の法則であって、人間の本性でもある。

そして、「誠」という漢字の成り立ちも重視される。「言偏に成る」は、「武士に二言はない」を意味する。「西郷の至誠は、おれをして相欺くに忍びざらしめた。この時に際して、[中略] おれも至誠をもってこれに応じたから、江戸城受渡しも、あの通り立談の間に済んだのサ」(『氷川清話』講談社学術文庫70頁)。こう述懐するのは勝海舟。彼に至っては、「至誠」は、武士道のみならず、政治外交、人間力、健康の根本にもなっている。

「誠実さ」と切り離せない概念がある。「約束」だ。ふと、こんな疑問に沈み込んでしまったことはないだろうか?「なぜ、結婚式で『誓いの言葉』などするのだろう?」と。

「新郎、あなたはここにいる新婦を、病めるときも健やかなるときも、富めるときも貧しきときも、妻として愛し、敬い、慈しむことを誓いますか?」

で、こんな返事をしたら、どうなるだろうか?

「確かなことは約束できないけれども、できるだけ励みます」

こんな返事がまかり通ってしまったら、一切の信頼関係は成立しなくなるだろう。結婚式では、「誓いますか?」と聞かれたら、「はい、誓います」以外許されないのだ。この形式への反発は、容易に想像できる。「どうせ裏切る(裏切られる)のなら、はじめから約束なんかしなければいい」と。

6 創造の視点

「私たちの住む世界では、常に一瞬一瞬、あらゆる形式で裏切りが可能である。というだけではまだ十分ではない。全ての人が全ての人によって、各人が各人自身によって、裏切られうるのである。［中略］私たちの世界の構造自体が、私たちに裏切りを推奨するのである。［中略］私たちの世界の本質がおそらく裏切りなのだ」

（『存在と所有・現存と不滅』春秋社98頁）

どうせ裏切る（裏切られる）のなら、誠実さなど無力で虚しいものになってしまうのだろうか？そうではない。**常に裏切られる可能性があるからこそ「誠実さ」が可能になる。**

「愛することを誓いますか？」と聞かれたら、「はい、誓います」と返そう。これが誠実な答えなのだ。ただ、「誓い」の項目（たとえば、生活費の分担・年収の下限・育児の分担・不倫の禁止など）を列挙して、チェックを欠かさないようにするのは「誠実」ではない。結婚生活が長くなり、二人の関係が変わってきたタイミングで「誓い」を見直すことも、「誠実」ではない。

「私が約束する時は、その約束は再検討されないものとする。再検討しないという積極的意志は、［中略］私にある生き方を創り出すように促す。［中略］ここにおいて私が創造的誠実« fidélité créatrice »と称するものが表れてくる」

（『拒絶から祈願へ』179頁）

*　現代を代表する若き哲学者。『なぜ世界は存在しないのか』が世界中でベストセラー

この「創造的誠実」は「信仰」へと結びつく。ここで一つ質問。

「結婚式の誓いは誰にするのか？」

しばしば勘違いされるが、目の前の愛する人にしているのではない。「神」に誓っているのだ。人間という貧弱な自分が裏切りを本質とする社会に生きる限り、人間同士の「約束」など当てにならない。真の「誠実さ」とは、神（のごとき存在）に向かって開き続ける胸襟と言えるだろう。こうして、「誠実さ」は未来に開かれた創造的なものになる。


マルクス・ガブリエル*の名前をはじめて聞いたとき、「え？　ガブリエル・マルセルが再誕？」と、ときめいてしまったのは、余談。とはいえ、科学からの人間倫理の再要請、資本による人間疎外への再注目は、多くの人に哲学の解放を期待させる。マルセルに対して、日本の先哲たちはこのように評している。

「むずかしい概念の羅列もなければ、もってまわった論証や論理の厳《いか》つさもなく、淡々と存在の真実の訴えがなされていく」（『人間の尊厳』236頁）は信太正三先生。松浪信三郎先生は、「マルセルは自分のこの（哲学という探求の歩み）足跡を人に語り、書物にしるす。しかし、マルセルは自分と同じ足跡をたどることを人に要求しない」（『存在の神秘』406頁）。

身体としてのマルセルは鬼籍に入ってしまったが、思想としてのマルセルは、私たちが望めば必ず再来するだろう。

6 創造の視点

COLUMN

ボードリヤールが見た未来

モノに操作される人間

ジャン・ボードリヤールは、現代フランスを代表する哲学者だ。「無印商品」を立ち上げた堤清二は、代表作『消費社会の神話と構造』に影響を受けたと打ち明けている。

ボードリヤールは、大量消費する人間の行く末を考察するために不可欠な、数々の視点を残している。クロソウスキー（一4・3一参照）の跡を継いだ「シミュラークル」はその一つだ。

そもそも、「模造」を意味する「シミュラークル」は、オリジナルに対する偽物を作り出すことだった。これが産業革命後、大量生産が可能になると、オリジナルとコピーの境界が曖昧になってくる。

「大量生産されるモノは、互いに相手を規定しようのない無限のシミュラークルとなる。モノだけではない。それらを生産する人間もまた、そうしたシミュラークルとなる」

（『象徴交換と死』ちくま学芸文庫１３０頁）

そして現代。三番目の「シミュラークル」では、オリジナルが消滅し、コピーがコピーを生み出し続ける。オリジナルがあるように見せかけて、誰もオリジナルを手にすることはできない。私たちが獲得できるのは、他の人間たちとの「違い」だけだ。ボードリヤールはこれを「シミュレーション」と呼称する。

「今日、私たちの周りにはモノの増加によってもたらされた消費と豊かさという余りにも自明な事実が存在しており、人類の生態系に根本的な変化が生じている。すなわち、豊かになった人間たちは、これまでのどの時代にもそうであったように他の人間に取り囲まれているのではなく、モノによって取り巻かれている」

（『消費社会の神話と構造』紀伊國屋書店14頁）

「人間に取り囲まれているのではなく、モノによって取り巻かれている」ということは……

「私」もまたモノ化してしまっているのだ。

6 創造の視点

「私たちをクローン化させるのは文化そのものであり、精神的クローン化は生物学的クローン化にはるかに先立って存在している。［中略］学校、メディア、大衆文化と情報を通じて、人々は互いに均一なコピーと化している」

（『不可能な交換』紀伊國屋書店58頁）

「シミュレーション」の時代には、オリジナルが消滅してしまっている。私たち人間も同様に、誰もオリジナルにはなれないのだ。誰もがコピー。だからこそ「違い」によってアイデンティティを確保するしかない。このような他者との「違い」への欲求が、モノの生産と消費を持続させる。

システム内におけるモノの価値は、モノ単独で成立するものではない。ボードリヤールの論考は、ソシュール（1・2─2・6─4・1─参照）を継承し、資本主義社会の分析へと援用したものだ。モノの価値がモノそのものによって生み出される時代は終焉し、「違い」を明示するためだけに次々とモノが生産される時代。このシステムによって操作される私たちは、もはやモノそのものを欲することはできず、モノがもたらす「違い」しか欲望できないのだ。

モノがもたらす豊かさの背景には、果てしなく続く「消費」と「生産」がある。では、私たちは本当に欲しいモノを生産しているだろうか？　否、「違い」への切望がモノの「生産」「消費」へと駆り立てる。ということは、人間がモノを生産し管理しているのではなく、モノが人間を操作しているのだ。私たちが働くのは自らの意志ではなく、このような不可視のシステムを維持するために身を粉にして働かされているのだ。

「シミュレーション」の時代、「価値」を決定するのは「違い」を生み出すシステムだ。決して私たち自身ではない。ということは、地位もファッションも、あまつさえ幸福さえ、「本当に欲するもの」ではない。

たとえば、最先端で高級な携帯電話を手に入れることで、幸福になれるだろうか？　あるいは、高い地位や高い学歴が幸福を保証するだろうか？　だが、システムは「そうである」と私たちを操るのだ。そしてそれは、常に期待外れに終わる。しかし、その責任はモノに向けられ、決してシステムには向けられない。なぜなら、システムそのものは目に見えないからだ。そして新しいモノが生産し続けられる。こうして私たちの消費活動は呪われたものになる。「幸福」があると信じさせて、モノは常に「幸福」を先送りにしながら、私たちの命を浪費させるのだ。

「幸福は計量可能なものでなければならない。幸福は、モノと記号によって計量できる物資的安楽でなければならない」（『消費社会の神話と構造』59頁）

「計量可能である」ことが価値の成立条件となる。モノは誰でも獲得できるものでなければならない。値段の高低は問題ではない。価値が値段として数値化されていることが大事なのだ。数字で表記されるものは「確実」とされ、数値化できないものは「不確実」とされ、モノだけでなく人間も計量の対象となってしまう。そして今、私たちはこの「計量可能性」について見直すタイミングに来ている。

現代は「VUCA（Volatility：不安定性　Uncertainty：不確実性　Complexity：複雑性　Ambiguity：曖昧性）」の時代と言われる。特にビジネスフィールドで多用されている。さて、このVUCAなるものに対して危機意識を募らせ、対策に慌てる人は、モノに操作されることに馴致《じゅんち》してしまった人だ。価値システムに一から十まで依拠する確実性、この確実性が消滅すれば、自分のキャリアやアイデンティティが予測できなくなってしまう。こうして、VUCAに対抗して、「変動を安定に」「不確実を確実に」「複雑を単純に」「曖昧を明瞭に」を目指そうとする。しかし、この思考は、自らで自らの首を絞めることになる。

VUCAの時代にはこの価値システムが表面化し、問い質されることになる。つまり、VUCAはチャンスなのだ。それによって、「今後、私たちは、近代市民社会型に自由とは別の、もう一つの自由を手に入れるだろう。人間たちはようやく、彼らの代表者に代表されることから解放されて、他の誰かや、自由あるいは自由になる権利を経由しなくても、自由に自分自身になれる」（『不可能な交換』173頁）。

ボードリヤールが見た未来に光明を見出すか？　あるいは、「違いにこだわる人間」で居続けるか？　いずれにせよ、哲学に機能性や有用性を持ち込まず、哲学が市場価値を免れているかどうかが、私たちの未来を占うことになるだろう。

「勝利が決して確実ではない場所で闘うのではなく、思想の場所で闘うことを選ぶことだ。ここなら、勝ち負けは全く問題ではないのだから。［中略］全てはこの点にある」（『不可能な交換』170頁）

6　創造の視点

おわりに

こんなことを考えながら、この本を書いていた。

「もし、歴史的・世界的に偉大な哲学者たちの名案をＡＩにインプットし、人類の運命をそのＡＩに任せたとしたら、私たちは幸せになれるのか？」

合理的に、感情と個人的な利益に操られずに指導されることには、確かに魅力的な面がある。

ＡＩが人間を超え、世界を操ることはＳＦ物語の定番だ。それが今、現実味を帯びてきた。最近、話題になっている技術的特異点（シンギュラリティ）も、数十年後の未来を、明確に予測させる。ＡＩのプランで社会は運営され、人間がＡＩと一体化し、人間は不老不死となっている。そんなユートピアが想像される。

さて、このような理想郷は、古くから、様々な形で模索され続けている。人間の歴史とは、理想社会探索の歴史とも言えるだろう。

政治哲学の起源とも言えるプラトンによる大作『国家』、ここに描かれている理想郷を見てみよう。プラトンによれば、「哲人王」に指導される国家こそが理想的である。「愛智の学」のために人生を費やした哲学者たちは、国民全ての幸せに繋がる決断を下すことができる理想的な指導者である。

とはいえ残念ながら、歴史が証明するように、「哲人王」は登場しなかった。「啓蒙専制君主」は一つの失敗例だろう。共産主義社会も、今や、哲学的な理想を目指す危険を戒める実例となっている。トマス・モアは、その名も『ユートピア』で、どこにも存在しない理想的な社会を描いた。フランスでは、シャルル・フーリエやヴォルテールのユートピアが有名だ。しかし彼らの理想郷は、進化する力を失った世界だ。ある意味、完成形であるため、この世界では時間が止まってしまっている。はたして、このような世界に閉じ込められた人々は幸せだろうか。

ヘーゲルが指摘しているように、状況が変わる中で固定の哲学思想を無理矢理押し通すことは、愚の骨頂だ。それなのに、解決困難な社会問題に直面する度に、私たちは、救世主や、あるいは理想のイデオロギーを求めてしまう。ベルリンの壁が崩壊し、これからはアダム・スミスと彼の後継者たちが論じた資本主義こそ理想であると信じてきた。だがここ数年は、脱資本主義の声が出始めている。そして、数年前にはタブーだった「ベーシックインカム」や「脱成長」のようなアイディアが世界中の経済新聞で取り上げられ、人々に共有されるようになってきている。

この本の背景には、「資本主義の終わりは見えるか」というテーマがある。起床から就寝まで、私たちは、無自覚に、資本主義の中で生活している。

資本主義に不満を持つばかりで、他の経済制度は想像できないのだろうか？

一体、資本主義って何だろうか？

「資本主義」と一言で言っても哲学者、経済学者、思想家によって様々な定義がある。また、資本主義も、そして共産主義も、時代と共に進化する。スミスあるいはマルクスが書いたことをそのまま実現したい人はいないだろう。

この本では、各哲学者の思想の説明に終始せず、現況をより深く理解し、問題解決のヒントとなる数々の視点を紹介している。そして、日本ではあまり注目されていない哲学者、ピエール・クロソウスキーやガブリエル・マルセルなどの視点も取り上げた。直接的に資本主義あるいは経済に関する考察をする哲学者もいれば、そのような考察はしていない哲学者もいる。

経済体制や政治制度は、最終的に、社会を維持するだけではなく、私たちの暮らしを支えるためにある。どのような社会でも、その土台は「なぜ生きるのか」「幸せとは何か」にある。それは私たち自身にも求められる問いであり、そのために視点は不可欠である。そして視点とは、自分の身体と世界の関わり方の起点ともなるだろう。したがって、この本には二つの役割があるだろう。西洋哲学の入門書でもあり、資本主義の問題を再考するための教科書でもある。

この本はまた、社会や世界の見方を提案している。従来の概説的・網羅的な哲学書と異なり、ここで紹介した視点を通して、読者自身が、これまで思い浮かべなかった着想をし、そのアイディアを用いて、日々感じている疑問に答えるためのフレームワークを作ることが、著者たちの望むところである。

私たちはＡＩでも哲人王でもない。加速度的に進化し続ける社会の中で生きている生身の人間である。そんな私たちは、常に、現実を見る多数の視点を共有している。そして、その多くの視点を、批判的思考力をもって活用しなければならない。そうしてはじめて、私たちは幸せになり、他者とのコミュニケーションが成り立ち、本来の意味での共生が可能になるだろう。ユートピアを目指す必要はない。しかし、未来へのビジョンは求められるだろう。健やかで明るい未来に貢献できたら、著者たちの労力は過分に報われるだろう。

なお、この本では、各視点、数個の日本語訳を引用している。その翻訳に携わった諸先輩方に、改めて敬意を表す。これらの訳文は、この本全体の文調を反映させるべく、原書を参照しながら、著者の責任で適宜、整え直している。

最後に、このBOW BOOKSの干場弓子さん、ブックデザイナーの寄藤文平さんに、この場を借りて感謝を表す。

スティーブ・コルベイユ

二〇二一年初秋

引用・参考文献一覧

*以下　哲学者名（五十音順）・書籍名・翻訳者名・出版社・初版発行日

アーレント（1906-1975）

・『人間の条件』　志水速雄／筑摩書房（1994.10.6）
・『エルサレムのアイヒマン』　大久保和郎／みすず書房（2017.8.23）
・『全体主義の起原1』　大久保和郎／みすず書房（2017.8.23）
・『全体主義の起原2』　大島通義・大島かおり／みすず書房（2017.8.23）
・『全体主義の起原3』　大久保和郎・大島かおり／みすず書房（2017.8.23）
・『活動的生』　森一郎／みすず書房（2015.6.25）

アダム・スミス（1723-1790）

・『国富論（上）』　高哲男／講談社（2020.4.10）
・『国富論（下）』　高哲男／講談社（2020.5.14）

カイヨワ（1913-1978）

・『遊びと人間』　多田道太郎・塚崎幹夫／講談社（1990.4.5）

カミュ（1913-1960）

・『反抗的人間（カミュ全集6）』　佐藤朔・白井浩司／新潮社（1973.2.5）
・『カミュ全集（全10巻）』　新潮社
・『ペスト』　宮崎嶺雄／新潮社（1969.10.30）
・『シーシュポスの神話』　清水徹／新潮社（1969.7.15）

クロソウスキー（1905-2001）

・『ニーチェと悪循環』　兼子正勝／筑摩書房（2004.10.6）
・『かくも不吉な欲望』　大森晋輔・松本潤一郎／河出書房新社（2008.11.6）
・『ルサンブランス』　今野裕一／ペヨトル工房（1992.9.25）

サルトル（1905-1980）

・『シチュアシオンII（サルトル全集9）』　加藤周一／人文書院（1964.12.10）
・『劇作集　恭しき娼婦（サルトル全集8）』　伊吹武彦／人文書院（1952.4.5）
・『実存主義とは何か』　伊吹武彦・海老坂武／人文書院（1996.1.1）

引用・参考文献一覧

・『文学とは何か』 加藤周一ほか／人文書院（1998.7.1）
・『嘔吐』 鈴木道彦／人文書院（2010.7.20）
・『自由への道（全6冊）』 海老坂武ほか／岩波書店（2009〜2011）
・『存在と無I』 松浪信三郎／筑摩書房（2007.11.7）
・『存在と無II』 松浪信三郎／筑摩書房（2007.12.10）
・『存在と無III』 松浪信三郎／筑摩書房（2008.1.9）

ジャンケレヴィッチ［1903-1985］
・『道徳の逆説』 仲澤紀雄／みすず書房（1986.2.12）
・『徳についてI』 仲澤紀雄／国文社（2006.9.20）
・『徳についてII』 仲澤紀雄／国文社（2007.7.25）
・『死』 仲澤紀雄／みすず書房（1978.3.6）
・『死とはなにか』 原章二／青弓社（2003.1.18）

ソシュール［1857-1913］
・『（新訳）一般言語学講義』 町田健／研究社（2016.8.22）
・『ソシュール一般言語学講義（コンスタンタンのノート）』
景浦峡・田中久美子／東京大学出版会（2007.3.20）

デカルト［1596-1650］
・『方法序説』 谷川多佳子／岩波書店（1997.7.16）
・『情念論』 谷川多佳子／岩波書店（2008.1.16）
・『哲学原理』 桂寿一／岩波書店（1964.4.1）

デリダ［1930-2004］
・『声と現象』 林好雄／筑摩書房（2005.6.8）
・『プシュケー他なるものの発明I』 藤本一勇／岩波書店（2014.6.27）
・『プシュケー他なるものの発明II』 藤本一勇／岩波書店（2019.3.27）

ドゥルーズ［1925-1995］
・『差異と反復（上）』 財津理／河出書房新社（2007.10.6）
・『差異と反復（下）』 財津理／河出書房新社（2007.10.6）
・『差異について』 平井啓之／青土社（2000.6.8）
・『ニーチェと哲学』 江川隆男／河出書房新社（2008.8.6）
・『ベルクソンの哲学』 宇波彰／法政大学出版局（1974.6.10）
・『アンチ・オイディプス（上）』 宇野邦一／河出書房新社（2006.10.6）
・『アンチ・オイディプス（下）』 宇野邦一／河出書房新社（2006.10.6）
・『千のプラトー（上）』 宇野邦一ほか／河出書房新社（2010.9.7）
・『千のプラトー（中）』 宇野邦一ほか／河出書房新社（2010.10.6）
・『千のプラトー（下）』 宇野邦一ほか／河出書房新社（2010.11.8）
・『哲学とは何か』 財津理／河出書房新社（2012.8.7）
・『意味の論理学（上）』 小泉義之／河出書房新社（2007.1.5）

・『意味の論理学（下）』　小泉義之／河出書房新社（2007.1.5）

ナンシー［1940-2021］

・『無為の共同体』　西谷修ほか／以文社（2001.6.15）
・『恋愛について』　メランベルジェ眞紀／新評論（2009.5.10）

ハイデッガー［1889-1976］

・『存在と時間（1）』　中山元／光文社（2015.9.9）
・『存在と時間（全8巻）』　中山元／光文社（2015～2020）

パスカル［1623-1662］

・『パンセⅠ』　前田陽一・由木康／中央公論新社（2001.9.10）
・『パンセⅡ』　前田陽一・由木康／中央公論新社（2001.10.10）

バタイユ［1897-1962］

・『呪われた部分　有用性の限界』　中山元／筑摩書房（2003.4.9）
・『有罪者』　出口裕弘／現代思潮新社（1966.11.30）
・『内的体験』　出口裕弘／現代思潮新社（1970.11.30）
・『ニーチェについて』　酒井健／現代思潮新社（1992.1.25）
・『エロスの涙』　森本和夫／筑摩書房（2001.4.10）
・『エロティシズムの歴史』　湯浅博雄・中地義和／筑摩書房（2011.7.6）

・『至高性』　湯浅博雄ほか／人文書院（1990.1.1）

バルト［1915-1980］

・『表徴の帝国』　宗左近／筑摩書房（1996.11.7）
・『神話作用』　篠沢秀夫／現代思潮新社（1967.7.31）
・『物語の構造分析』　花輪光／みすず書房（1979.11.15）
・『明るい部屋』　花輪光／みすず書房（1985.6.20）
・『テクストの快楽』　沢崎浩平／みすず書房（1977.4.10）

フーコー［1926-1984］

・『言葉と物』　渡辺一民・佐々木明／新潮社（2020.2.27）
・『監獄の誕生』　田村俶／新潮社（2020.4.24）

ブランショ［1907-2003］

・『明かしえぬ共同体』　西谷修／筑摩書房（1997.6.15）
・『筑摩世界文学大系82（ベケット　ブランショ）』　安藤元雄ほか／筑摩書房（1982.7.30）

ヘーゲル［1770-1831］

・『歴史哲学講義（上）』　長谷川宏／岩波書店（1994.6.16）
・『歴史哲学講義（下）』　長谷川宏／岩波書店（1994.8.19）

引用・参考文献一覧

・『精神現象学（上）』 樫山欽四郎／平凡社（1997.6.15）
・『精神現象学（下）』 樫山欽四郎／平凡社（1997.7.15）

ベルクソン［1859-1941］

・『哲学的直観ほか』 坂田徳男・三輪正・池辺義教・飯田証明・池長澄／中央公論新社（2002.7.10）
・『意識に直接与えられたものについての試論』 合田正人・平井靖史／筑摩書房（2002.6.10）
・『物質と記憶』 合田正人・松本力／筑摩書房（2007.2.7）
・『宗教と道徳の二つの源泉』 合田正人・小野浩太郎／筑摩書房（2015.8.6）
・『創造的進化』 合田正人・松井久／筑摩書房（2010.9.8）

ベンヤミン［1892-1940］

・『複製技術時代の芸術』 佐々木基一（編集解説）／晶文社（1999.11.5）

ボーヴォワール［1908-1986］

・『第二の性Ⅰ』 『第二の性』を原文で読み直す会／新潮社（2001.4.1）
・『第二の性Ⅱ』 『第二の性』を原文で読み直す会／新潮社（2001.4.1）
・『第二の性Ⅲ』 『第二の性』を原文で読み直す会／新潮社（2001.4.1）
・『人間について』 青柳瑞穂／新潮社（1955.6.28）

ボードリヤール［1929-2007］

・『象徴交換と死』 今村仁司・塚原史／筑摩書房（1992.8.6）
・『消費社会の神話と構造』 今村仁司・塚原史／紀伊國屋書店（2015.9.16）
・『不可能な交換』 塚原史／紀伊國屋書店（2002.1.24）
・『シミュラークルとシミュレーション』 竹原あき子／法政大学出版局（1984.3.21）

マルクス［1818-1883］

・『共産党宣言』 大内兵衛・向坂逸郎／岩波書店（1951.12.10）
・『資本論（全9冊）』 向坂逸郎／岩波書店
・『ユダヤ人問題によせて ヘーゲル法哲学批判序説』 城塚登／岩波書店（1974.3.12）

マルセル［1889-1973］

・『形而上学日記（マルセル著作集1）』 三嶋唯義／春秋社（1973.9.30）
・『存在と所有・現存と不滅（マルセル著作集2）』 信太正三（ほか／春秋社（1971.9.10）
・『拒絶から祈願へ（マルセル著作集3）』 竹下敬次・伊藤晃／春秋社（1968.10.20）
・『存在の神秘（マルセル著作集5）』 松浪信三郎・掛下栄一郎／春秋社（1977.4.20）

・『人間　この問われるもの（マルセル著作集6）』　小島威彦ほか／春秋社（1967.3.10）
・『人間の尊厳（マルセル著作集8）』　三雲夏生ほか／春秋社（1966.5.20）

メルロ=ポンティ（1908-1961）

・『眼と精神』　滝浦静雄・木田元／みすず書房（1966.11.30）
・『知覚の現象学1』　竹内芳郎・小木貞孝／みすず書房（1967.11.30）
・『知覚の現象学2』　竹内芳郎・木田元・宮本忠雄／みすず書房（1974.11.5）
・『意味と無意味』　滝浦静雄・粟津則雄・木田元・海老坂武／みすず書房（1983.1.7）
・『メルロ=ポンティ　コレクション』　中山元／筑摩書房（1999.3.10）

モンテーニュ（1533-1592）

・『エセー（4）』　宮下志朗／白水社（2010.6.1）
・『エセー（全7冊）』　宮下志朗／白水社

ラカン（1901-1981）

・『エクリⅠ』　宮本忠雄・竹内迪也・高橋徹・佐々木孝次／弘文堂（1972.5.25）
・『エクリⅡ』　佐々木孝次・三好暁光・早水洋太郎／弘文堂（1977.12.10）
・『エクリⅢ』　佐々木孝次・海老原英彦・芦原眷／弘文堂（1981.5.20）

リオタール（1924-1998）

・『ポスト・モダンの条件』　小林康夫／水声社（1986.5.30）
・『文の抗争』　陸井四郎・小野康男・外山和子・森田亜紀／法政大学出版局（1989.6.12）
・『リオタール　寓話集』　本間邦雄・藤原書店（1996.10.20）

リクール（1913-2005）

・『他者のような自己自身』　久米博／法政大学出版局（1996.6.15）
・『時間と物語Ⅰ』　久米博／新曜社（1987.11.20）
・『時間と物語Ⅱ』　久米博／新曜社（1988.7.7）
・『時間と物語Ⅲ』　久米博／新曜社（1990.3.10）
・『生きた隠喩』　久米博／岩波書店（2006.10.24）

ル・ボン（1841-1931）

・『群集心理』　櫻井成夫／講談社（1993.9.6）

ルソー（1712-1778）

・『社会契約論』　中山元／光文社（2008.9.9）
・『人間不平等起源論』　中山元／光文社（2008.8.7）
・『孤独な散歩者の夢想』　永田千奈／光文社（2012.9.12）
・『エミール（上）』　今野一雄／岩波書店（1962.5.16）

・『エミール（中）』 今野一雄／岩波書店（1963.7.16）
・『エミール（下）』 今野一雄／岩波書店（1964.7.16）

レヴィナス〔1906-1995〕
・『全体性と無限（上）』 熊野純彦／岩波書店（2005.11.16）
・『全体性と無限（下）』 熊野純彦／岩波書店（2006.1.17）
・『実存から実存者へ』 西谷修／筑摩書房（2005.12.7）
・『存在の彼方へ』 合田正人／講談社（1999.7.9）

ジジェク〔1949-〕
・『斜めから見る』 鈴木晶／青土社（1995.6.20）
・『ラカンはこう読め！』 鈴木晶／紀伊國屋書店（2008.2.6）

アラン〔1868-1951〕
・『人間論（アラン著作集4）』 原亨吉／白水社（1997.11）
・『幸福論』 神谷幹夫／岩波書店（1998.1.16）

ニーチェ〔1844-1900〕
・『ニーチェ全集9（第II期） 遺稿』 三島憲一／白水社（1984.3.25）
・『善悪の彼岸』 木場深定／岩波書店（1970.4.16）
・『道徳の系譜』 木場深定／岩波書店（1964.10.1）
・『悲劇の誕生』 秋山英夫／岩波書店（1966.6.16）

ラ・ロシュフコー〔1613-1680〕
・『格言集』 関根秀雄／白水社（1998.10.330）

ラ・フォンテーヌ〔1621-1695〕
・『ラ・フォンテーヌ寓話』 市原豊太／白水社（1997.10.10）

ラッセル〔1872-1970〕
・『西洋哲学史1』 市井三郎／みすず書房（1970.3.30）
・『西洋哲学史2』 市井三郎／みすず書房（1970.3.30）
・『西洋哲学史3』 市井三郎／みすず書房（1985.3.1）

大竹 稽

おおたけ　けい

教育者、哲学者。1970年愛知県生まれ。
愛知県立旭丘高等学校から東京大学理科三類に入学するも、5年後、医学と決別。
大手予備校に勤務しながら子供たちと哲学対話を始める。30代後半で、東京大学大学院に入学し、
フランス思想を研究した。専門は、サルトル、ガブリエル・マルセルら実存の思想家、
バルトやデリダらの構造主義者、モンテーニュやパスカルらのモラリスト。
『超訳モンテーニュ』『賢者の智慧の書』『60分でわかるカミュのペスト』など編著書多数。
現在、哲学の活動は、東京都港区三田や鎌倉での哲学教室（てらてつ）、
教育者としての活動は横浜市港北区での学習塾（思考塾）や、
三田や鎌倉での作文教室（作文堂）。詳細は大竹稽HPにて更新中。
大竹稽の哲学教室HP（https://teratetsu.com/）、大竹稽の学習塾HP（https://shikoujuku.jp/）。

スティーブ・コルベイユ

Steve Corbeil

聖心女子大学国際交流学科准教授、翻訳家。

1978年カナダ・ケベック州生まれ。

2008年モントリオール大学大学院比較文学科修士課程修了。

2021年東京大学大学院（表象文化論コース）博士課程単位満期退学。

文学、映画、マンガなど幅広く日本戦後文化を研究。

さらに、日本が直面する異文化コミュニケーション問題を考察し、対策講座などを担当。

2010年～2016年静岡大学講師・准教授。ほかに、
立命館大学、上智大学、法政大学、立教大学、東京大学にて非常勤講師を務めた。

フランス語、英語、日本語で執筆。

『翻訳とアダプテーションの倫理』（春風社、共著）など。

BOW BOOKS 004

哲学者に学ぶ、
問題解決のための視点のカタログ

発行日　2021年11月30日　第1刷

著者
大竹　稽、スティーブ・コルベイユ

発行者
干場弓子

発行所
株式会社 BOW&PARTNERS
https://www.bow.jp　info@bow.jp

発売所
株式会社中央経済グループパブリッシング
〒101-0051　東京都千代田区神田神保町1-31-2
電話 03-3293-3381　FAX 03-3291-4437

装丁
寄藤文平+古屋郁美（文平銀座）

校正
鷗来堂

印刷所
中央精版印刷株式会社

 ISBN978-4-502-41261-5

BOW BOOKS

時代に矢を射る　明日に矢を放つ

WORKとLIFEのSHIFTのその先へ。

この数年、時代は大きく動いている。人々の価値観は大きく変わってきている。
少なくとも、かつて、一世を風靡した時代の旗手たちが説いてきた、
お金、効率、競争、個人といったキーワードは、もはや私たちの心を震わせない。
仕事、成功、そして、人と人との関係、組織との関係、社会との関係が
再定義されようとしている。
幸福の価値基準が変わってきているのだ。

では、その基準とは?
何を指針にした、どんな働き方、生き方が求められているのか?
大きな変革の時が常にそうであるように、その渦中は混沌としていて、
いまだ定かにこれとは見えない。
だからこそ、時代は、次世代の旗手を求めている。
彼らが世界を変える日を待っている。
あるいは、世界を変える人に影響を与える人の発信を待っている。

BOW BOOKSは、そんな彼らの発信の場である。
本の力とは、私たち一人一人の力は小さいかもしれないけれど、多くの人に、
あるいは、特別な誰かに、影響を与えることができることだ。
BOW BOOKSは、世界を変える人に影響を与える次世代の旗手を創出し、
その声という矢を、強靭な弓(BOW)がごとく、
強く遠くに届ける力であり、PARTNERである。

世界は、世界を変える人を待っている。
世界を変える人に影響を与える人を待っている。
それは、あなたかもしれない。

代表　干場弓子